공주를
키워주는
회사는 없다

공주를 키워주는 회사는 없다

잘 풀리는 여자들은 알고 있는
조직생활 · 인간관계

박성희 지음

민음인

차 례

제3부　사소한 차이가 승부를 가른다

제4부 경쟁력을 키우는 길

제5부　특히 여자들에게 필요한 처방

저자의 말

나는 공주로 태어나지 않았다. 나는 빈 주먹뿐이던 월남민의 맏딸로 태어나 '한국의 퀴리부인이 되고 싶다.' 라는 꿈과 '오늘보다 내일이 나을 것' 이라는 믿음 하나로 살아왔다. 재수 시절 무작정 학원 사무실을 찾아가 학원비 없이 다니게 해 달라고 요청해 1년간 장학생 노릇을 했는가 하면, 결혼하면 퇴직해야 한다는 것 때문에 회사 사람들 몰래 결혼했다.

능력을 인정받았을 때는 기쁘고 우쭐해서, 그렇지 못하고 물 먹었을 때는 분하고 억울해서 입술 꼭 깨물고 일했다. 여자인 데다 말 한마디 거들어 줄 사람 없이 세상과 홀로 부딪치자니 시행착오 투성이였지만 대신 배우고 터득한 것도 많았다.

불가능을 생각하지 않는 열정과 간절한 기도의 결과는 엄청나다는 것, 때로는 묵묵히 참고 견디는 것도 큰 힘이 된다는 것, 형식도 내용만큼 중요하므로 외관을 소홀히하면 안 된다는 것, 당황스런 상황을 무시할 줄 알아야 성장한다는 것, 사람과 조직 모두 내가 먼저 사랑해야 상대도 사랑한다는 것, 판단하지 말고 이해해야 내 편을 만든다는 것 등.

이 책은 이처럼 내가 세상에 수시로 무너지고 걷어차이면서도 다시 일어나 걷는 동안 느끼고 깨달은 사실을 정리한 것이다. 따라서 이 책은 공주나 왕자로 태어난 사람이 아닌, 나처럼 기댈 곳 없이 험한 세상을 헤쳐 가야 하는 보통사람들을 위한 것이다.

나는 대학만 졸업하면 취직은 저절로 될 줄 알았다. 그러나 '빽' 없는 여자 대졸생에게 세상의 벽은 높았다. 남자는 4년제 대학 간판만 달면 취직이 되던 시절이었지만 여자의 사정은 전혀 달랐다. 1970년대 후반, 여자를 공개 채용하는 곳은 거의 없었고, 어쩌다 하는 데서도 전공을 따져 서류조차 받지 않았다. 말 한마디 해 줄 이 없는 나로선 막막하기만 했다.

어쩔 수 없이 작은 무역 회사에 들어갔다. 번역과 영작 등 무역 일을 했는데 부부가 함께 사무실에 나와 집인지 회사인지 알 수 없이 행동하는 모습에 참지 못하고 석 달 만에 사표를 던졌다. 두 번째 직장이 여성 잡지사인 월간《여원》이었다. 고등학교 때 교내 신문 기자, 대학 시절 교지 편집장을 했는데 결국 본격적인 사회생활을 기자로 시작하게 된 것이다.

기자 생활은 즐거웠다. 매월 열흘 이상 밤을 새다시피 했지만 취재하고 쓰는 일은 재미있고 평가도 좋았다. 한 가지 문제는 인간관계였다. 젊은 시절 매사 의견이 분명했던 내 태도는 윗사람으로부터 건방지다는 얘기를 들었고, 거꾸로 내겐 우물쭈물 책임을 회피하려는 윗사람의 모습이 타파해야 할 구태로 보였던 만큼 자주 부딪쳤다.

그러던 차에 새로 창간되는 잡지사에서 스카웃 제의를 받자 나는 보란 듯이 사표를 냈다. 그러나 갑작스런 사태로 그 잡지의 창간은 무산됐고 나는 실업자가 됐다. 황당했지만 항의할 곳도 없었다. 당장 수입이 급했으므로 번역을 했다. 이때 번역한 것이 존 포웰의『왜 나를 말하기를 두려워하는가』인데, 자기 표현과 인간관계의 기본을 가르쳐 준 소중한 책이다.

번역이 끝날 때쯤 나는 전경련 출판부 직원 특채 시험에 지원했다. 필기시험을 보고 면접을 치르고 나서 나는 가부간에 연락을 해 달라고 부탁한 다음 설악산으로 떠났다. 너무 초조하고 답답해 가만히 앉아 기다릴 수 없었던 것이다. 혼자 떠난 그 산행에서 나는 길을 잃어 죽을 뻔했는데, 다행히 살아 돌아오니 출근하라는 통지가 와 있었다.

■

전경련 출판부에서 맡은 일은 월간《전경련》편집 및 전경련의 각종 보고서 간행 업무였다. 정확한 퇴근 시각, 괜찮은 봉급, 깨끗한 사무실 등 근무 여건은 웬만했지만 여자는 '미스 아무개'로 불리는 데다 결혼하면 퇴직해야 한다는 조건이 달려 있었다. 지금은 말도 안 되는 소리라고 할지 모르지만 당시만 해도 대부분의 직장이 관행이라는 이름 아래 그랬다.

나는 숱한 고민과 망설임 끝에 1980년 가을 전경련이 대주주였던 한국경제신문사로 옮겼다. 취재하고 쓰는 일은 타고난 천직 같았지만 전경련 출신이라는 사실 때문에 받은 눈총과 수군거림은 견디기 쉽지 않았다.《여원》기자 시절 국내 잡지계에서 까다롭기로 유명한 주간에게 칭찬을 듣던 글솜씨였는데도 "기사가 어째 잡지 스타일이야." 식의 구박을 들었다. 친정인 전경련에 가서 하소연하고 빽이 돼 달라고 할 수도 있었을 텐데 거꾸로 전경련과는 담을 쌓고 지내면서 내 실력을 보여 주자고 결심했다. 가장 어리석은 정책을 택했던 셈이다.

첫아이 임신 때는 최악이었다. 입덧이 심해 하루 스무 번씩 토했다. 먹지 못한 채 토하자니 하늘이 노래지곤 했지만, 아무에게도 말 못한 채 시키는 일을 몽땅 해냈다. 병원에 실려 가는 날까지 일했던 나는 출산 휴가 30일 만에 출근했다. 법적으로는 두 달이었지만 한 달도 과분하다는 게 당시 상황이었다. 육아 문제는 간단하지 않았다. 친정과 시댁에 번갈아 맡기기도 하고, 도우미를 두기도 한 끝에 결국 친정 어머니가 우리 집으로 오셨다.

살림과 육아도 큰일이었지만 내겐 회사 일이 무엇보다 중요했다. '대한민국 최고의 문화면을 만든다, 기사로 경쟁하면 누구에게도 지지 않는다.' 고 믿었던 까닭이다. 다른 기자들이 오전 10시나 돼야 출근할 때 8시면 출근했고, 취재를 위한 모임이면 아무리 늦어도 끝까지 남아 있었다. 문학 기자 시절엔 각 신문의 신춘문에 당선 작품을 몽땅 읽었고, 무용 기자 초기엔 무용 관계자들에게 '한국경제신문' 과 나를 알리기 위해 케이크를 사들고 월간 《춤》을 찾아 알림 난에 한국경제신문 문화면을 소개해 달라고 요청했다.

신문사로 올 때 경력을 제대로 산정 받지 못해 동갑내기 여기자가 차장으로 승진할 때 승진은커녕 월급이 턱없이 적었지만 "여기자에게 차장을 맡겼으니 나도 곧 시켜 주겠지." 생각하며 축하를 보냈다. 그러나 내 상식적인 믿음은 여지없이 배반당했고, 내가 차장으로 승진한 건 그로부터 한참 뒤였다. 나는 분노와 오기로 더 열심히 일에 매달렸다.

문화부 차장을 거쳐 회사 최초의 여자 부장이 되던 날 나는 기자들에게 약속했다. "기사는 상품이다. 같은 상품도 포장에 따라 시장 물건이 될 수도 있고, 백화점 혹은 명품관 물건이 될 수도 있다. 나는 여러분의 기사를 대한민국 최고의 명품관 제품으로 만들겠다." 나는 이 약속을 지키려 최선을 다했다. 기자들이 낮 12시가 다 돼서야 기사를 출고하는 바람에 점심을 제때 먹지 못한 건 물론 문화부장 초청 오찬에도 못 가기 일쑤였다.

새벽 3시까지 당직 국장을 하고 나면, 다른 부장들은 오후에 출근했지만 나는 어김없이 아침 8시면 출근해 기자들에게 취재 방향을 알려 주고 기사를 손질했다. 신문의 품질은 기자의 자존심에 달렸고, 자존심은 실력과 정성으로 지켜진다는 신념 때문이었다.

이렇게 하기 4년. 나는 지치기 시작했다. 내 노력만큼 따라와 주지 않는 듯한 후배들에 대한 야속함 때문에 잔소리가 늘면서 인심을 잃었다. 게다가 다른 부장(남자)과도 부딪쳤다. 대부분 여자인 나를 무시해서 비롯된 충돌이었는데도 결과는 내게 일방적으로 불리했다. 사태의 발단은 간 데 없이 '극성맞은 여자 부장의 시비' 로 전해졌던 것이다.

여자 부장에 대한 남자들의 경원이 어느 정도인지를, 간부가 되면 일과 정치력이 함께 중시된다는 사실을 알지 못한 채 그들을 내 편으로 만들려는 노력을 소홀히 한 결과 나는 IMF 직후 "잠시 조직의 중심에서 벗어나 있으라."는 제의를 받았다. 제시된 몇 가지 직책 중 평소 기자의 최종 목표라고 믿었던 논설위원을 희망했다.

논설위원이 된 뒤 그러나 나는 한동안 정신적 공황 상태를 겪었다. 오랫동안 밤늦게 퇴근했던 탓에 정시 퇴근이 오히려 이상했고, 20년 이상 기자 노릇을 했는데도 깊이 있는 전문 지식이 부족하다는 생각은 내 삶 전체에 대한 회의에 사로잡히게 만들었다. 게다가 왠지 차가워진 듯한 후배나 동료들의 눈빛을 대할 때면 숨이 막힐 것 같았다.

그러나 시간이 흐르면서 나는 많은 것에 감사하게 됐다. 부장이 되면서 중단했던 글쓰기를 다시 시작한 것, '삼팔선 사오정' 시대에 주요 일간지 논설위원으로 각종 모임의 중책을 맡게 된 것, 대학원을 졸업하고 책을 쓰게 된 것, 가족의 소중함을 깨달은 것 등 고마운 일은 실로 많았다. 이 책은 바로 그같은 인식에서 비롯됐다.

든든한 부모 밑에서 태어나지 못한 사람들의 세상살이는 한마디로 고단하다. 여자는 특히 더하다. 사회생활을 한다는 사실만으로도 드센 여자 취급을 받는 한국 땅에서 이렇다 할 배경도 없이 자기 의견 분명한 여자로 사는 일은 결코 간단하지 않았다. 그러나 나는 '늘 맨 땅에 헤딩하면서도' 씩씩했고, 그 결과 실수도 많았지만 도태되지 않고 잘 살아남았다.

무시로 날 배반했던 세상에 대한 원망을 넘어 고마운 마음을 갖게 되면서 나는 그동안 살면서 겪고 느끼고 터득한 것을 바탕으로 비슷한 처지에 있는 후배들에게 실질적인 조언을 하고 싶었다. 명분이 아닌 현실을, 살아 있는 지혜를 일러 주고 싶었다.

처세나 성공법에 관한 책은 무수히 많지만 외국 사람이 쓴 건 한국의 현실과 맞지 않는 수가 많고, 성공한 CEO나 2세 경영자의 삶을 다룬 것 또한 조직의 바닥에서부터 올라가 중간 간부라는 과정을 거쳐야 하는 사람들에겐 '어느 날 갑자기 유명해졌다.' 식의 뜬구름 잡는 내용이 많다. 이 책은 우선 살아남고 그 다음에 성공으로 가는 방법을 알려 주는 게 목적이다. 조직에서의 성공이란 일단 살아남아야 가능한 것이니까.

일과 가정에서 모두 성공하려 힘써 온 내 삶의 기록이자 오늘의 나를 만들어 준 세상에 대한 고마움을 담아 내놓는 이 책이 조직 생활의 고비고비에 서 있는 이들에게 신발끈을 다시 맬 용기와 힘을 불어넣었으면 하는 마음 간절하다. 책을 만드느라 애써 준 출판사와 오랜 세월 부족한 나를 지켜봐 주고 감싸 준 사랑하는 가족들에게 다시 한 번 진심으로 감사한다.

2004년 11월, 서울 중림동 한국경제신문사 15층 논설위원실에서.

1

현실을 있는 그대로 받아들여라

젊음의 특권은 세상을 **자기중심적**으로 보는 것이다. 세상은 잘못됐고, 기성세대는 답답하고, 그래서 실력 있는 내가 푸대접을 받는다고 생각한다. 그러나 부모를 선택할 수 없듯 조직의 윗사람도 고를 수 없다. **조직을 바꾸고 싶으면** 힘을 가져야 한다.
기회를 주는 건 내가 아닌 남이다. 세상이 공정하다는 건 환상이다. 현실을 똑바로 보고 조용히 상사의 비위를 맞춰라! 자주 보고하고, 아는 것도 묻고, 경조사를 챙겨라! 98퍼센트의 실력보다 상사를 기분좋게 만드는 **2퍼센트의 서비스 정신**이 인생의 성패를 가른다.
아부도 실력이다.

1

월급쟁이는 소모품이다

매일 아침 재고품들이 승강기를 타고 올라갔다가 저녁이면 내려온다. 대부분의 직장인은 재고품이나 다름없다. — 레오 버네트

「오체 불만족」의 저자 오토다케 히로타다는 이렇게 고백했다. "매스컴이란 흥미의 대상을 필요 이상 띄웠다가 흥미가 사라지면 손바닥 뒤집듯 냉정해진다. 베스트셀러를 쓴 대학생 따위야 좋은 먹잇감에 불과하다. 남에게 주목을 받는 것으로 먹고사는 존재가 되면 언젠가 처참한 지경에 빠진다. '「오체 불만족」의 오토다케입니다.' 라고 아무리 외쳐 봤자 거들떠보지도 않는 날이 온다. 그날을 대비해 나는 '누구도 아닌 나 자신' 을 준비해 둘 필요가 있다."

월급쟁이의 일은 대개 소모적이다. 업무를 통해 배우는 것도 있고 특정 분야에서 나름대로 노하우를 터득하기도 하지만, 내가 아니면 안 된다고 할 정도의 전문성을 갖기는 어렵다. 그러다 보면 머리가 텅 빈 느낌이 들면서 은연중 불안과 초조가 엄습한다. '재

충전해야지.' 라고 생각은 하지만 현실에 쫓기다 보면 실천하기 어렵다. 일하랴, 사람 만나랴, 술 마시랴, 가족의 일원으로 집안 일 거들랴 하다 보면 하루 24시간이 짧다.

한 달 두 달은 금방이요, 1년 2년도 순식간에 지나간다. 그러다 보면 어느새 마음 한구석에 간직하고 있던 꿈을 슬그머니 놓아 버리고 하루하루 탈 없이 지나가기만을 바라게 된다.

하지만 어느 날엔가 갑자기 무사히 지나갈 수 없는 벼랑 끝에 서게 된다. 삶의 전부라 여겼던 직장에서 하루 아침에 쓸모없는 잉여인간 취급을 받게 된다. 정년은 아무 의미도 지니지 못한다.

30대 초만 해도 이런 이야기가 실감 나지 않는다. 간접 경험은 아무리 해 봐야 가슴에 와 닿지 않기 때문이다. 그러나 세월은 누구에게나 차별 없이 닥쳐온다. 청춘을 몽땅 바쳐 일한 곳에서 알게 모르게 눈치를 보게 되는 순간, 비로소 회사보다 내가 더 중요하다는 걸 깨달아 봐야 때는 늦는다.

세상은 싸움터고, 월급쟁이는 언제 어떻게 폐기 처분될지 모르는 소모품이다. 당장 쓸 일 없다고 어영부영 지나치면 어느 날 갑자기 물러설 수 없는 절벽 앞에 선다. 실력, 건강, 노후책, 취미 모두 잘나갈 때 미리미리 챙겨라!

2

나만 낙동강 오리알이라고 생각하지 마라

우리는 모두 다른 사람들이 나를 사랑하고 존중해 주기를 바란다. 그러나 자신의 장점은 크고 명백하게 보여도 다른 사람의 장점은 호의를 갖고 봐야 겨우 눈에 띈다. 세상 그 누구도 완벽하지 않다는 사실 때문에 괜스레 신경 쓸 필요 없다. —버트런드 러셀, 「행복의 정복」

지금은 기자를 그만둔 후배가 언젠가 물었다. "선배는 외롭지 않아요?"

왜 외롭지 않았으랴. 남성 중심 사회에서 어떻게든 살아 보겠다고 애쓰다 보니 남자도 여자도 아닌 어정쩡한 상태가 됐는데. "여자라서"라는 얘기를 듣기 싫어 매사에 열심히 매달린 결과는 드세고 억척스럽다는 평가로 돌아왔고, 전업 주부들과 마음을 터놓기도 쉽지 않았다. 외롭고 고단했다. 쓸쓸하다 보니 원망도 많았고 일이 잘 안 풀릴 때마다 내 탓보다는 남의 탓, 상황 탓, 세상 탓으로 돌린 적도 적지 않았다.

직장 생활이 추운 건 스스로 고립을 자초하기 때문이다. 일부러 자신을 외롭게 만들 사람이 어디 있느냐고 할지 모르지만 들여다 보면 많은 이들이 그렇다.

이유는 가지가지다. "우리 회사에서 지방 대학 나온 사람은 나뿐이지." "우리 부서 사람 중 호남(영남) 출신은 나밖에 없어." "하다못해 처삼촌 빽이라도 있는데 나만 천지에 아무도 없잖아." "영업부에서 내 키가 제일 작지." "다들 특기가 있는데 나만 신통찮으니."

자격지심은 독이다. 일단 들기 시작하면 회식 자리에 우연히 빠진 것도 "나만 또 빼놨군." 하는 식으로 생각하게 된다. 심한 경우 잠시 자리를 비운 사이 다른 사람들이 얘기만 하고 있어도 혹시 내 흉을 본 건 아닌가 내심 초조해진다.

그럴 것 없다. 알고 보면 월급쟁이들은 다 '나만 낙동강 오리알이 아닐까.' 걱정하며 산다. 세상이 자기를 위해 있는 것처럼 떠벌리는 사람도 속으론 외롭고, 조직의 주역은 주역대로 행여 자리에서 밀려날까 조마조마해한다. 그러니 혼자만 낙동강 오리알 신세라고 한탄할 것 없다.

사람과 단절됐다는 느낌은 사람을 무력하게 만든다. 세상은 함께 사는 것이고 아무리 부족한 사람도 자기 몫을 지니게끔 돼 있다. 객관적인 조건이 주위 사람보다 다소 빠진다 싶으면 솔직히 인정하고 "대신 열심히 하겠다." 하고 선포하면 된다. 겉으로 선포하지 않더라도 남들보다 더 노력하면 된다. 그저 힘껏 뛰어라! 그러면 눈에 띄게 마련이고 손을 잡아 주는 사람도 나온다.

3

누구나 때로 교활하다는 걸 인정하라

군주가 신의를 지키고 정직해 얕은 수를 쓰지 않는다는 건 가상한 일이다. 그러나 위대한 과업을 이룩한 군주는 약속에 대해 괘념치 않고 어떻게 하면 교활한 지혜로 사람을 혼란케 하는지 안다. 그 결과 착실히 신의를 지키며 살아온 사람을 능가한다. —마키아벨리, 「군주론」

오래전 받았던 설문 조사 문항에 '나는 때때로 교활하다.' 라는 것이 있었다. 나는 심한 거부감을 느끼며 '아니다.' 에 동그라미를 쳤다. '다소 그렇다.' 또는 '그렇다.' 에 동그라미를 쳐야 했다는 사실을 깨달은 건 세월이 한참 지난 뒤였다.

아무도 자신이 교활할 수도 있다는 걸 인정하려 들지 않는다. 오히려 자신은 너무 순진하고 물정에 어두우며 그래서 수시로 손해본다고 여기기를 좋아한다. "난 너무 어수룩해서 요즘 세상엔 아무래도 안 맞아. 옛날에 태어났어야 하는데." 자주 듣는 말이다.

과연 그런가? 천만의 말씀이다. 사람은 누구나 상황에 따라 변하고 필요에 따라 교활해진다. 어린아이들을 보라. 울고 보채야 뭔가 얻을 수 있다는 걸 파악하면 큰소리로 울어 제낀다. 울어 봤자 아무도 거들떠보지 않는다는 걸 알면 울지 않는다. 길에서 넘어진 애들도 일단 주위를 둘러봐 아무도 없으면 금세 울음을 뚝 그치지만, 누군가 관심을 보이면 갑자기 더 크게 운다.

어른도 똑같다. 달래고 말려 줄 사람이 있다 싶으면 괜스레 화도 내고 소리도 더 친다. 부부싸움을 할 때를 기억하라.

조금만 비겁하면 인생이 즐겁다고 얘기한 개그맨이 있었지만, 사람은 때로 교활할 수밖에 없고 자신 또한 예외가 아니라는 사실을 인정하면 자기 자신은 물론 다른 사람의 행동에 대해 조금은 너그러워진다. 임어당(린위탕)은 성공하는 지도자의 자질과 성공한 비적의 자질이 다를 바 없다고 했다. 그가 말한 건 다름아닌 '사람을 알아보는 눈과 도덕적 관념을 깡그리 무시할 수 있는 배짱, 그리고 배반자의 마음' 이다.

자신이 다소 교활했다거나 상황에 따라 말을 바꾸었다고 생각되더라도, 그게 누구를 일부러 골탕먹이기 위한 게 아니었다면 괴로워 말라! 마키아벨리가 말하는 군주의 교활함뿐 아니라 보통 사람의 교활함도 실은 방어용이니까.

4

타협과 협상의 차이를 알라

간을 빼서 잠깐 냉장고에 보관한 다음, 머리를 숙이고 불독처럼 맹렬히 돌진하세요. ―마리아 슈라이버, 「마음 하나에 인생이 달라진다」

오랫동안, 일만 열심히 하면 된다고 생각했다. 눈치꾼, 아첨꾼, 기회주의자들은 꼴도 보기 싫어 했다. "난 죽어도 비굴하게 타협은 못해." 하는 소릴 입에 달고 다닌 적도 있다. 결과는? 수많은 의사결정 과정에서 배제됐다. 모든 사람이 아는 사실을 혼자 몰라 바보가 된 적도 있다.

여자들이 비즈니스라는 게임에서 실패하는 가장 큰 원인은 협상할 줄 모르고, 한 번 틀어지면 영영 안 볼 것처럼 돌아서는 것이다.

「스타워즈 에피소드 1」에 보면 아마달라 여왕이 기괴하게 생긴 다른 종족에게 찾아가 협조를 요청하는 장면이 나온다. 여왕이 무릎을 꿇고 정중하게 도와달라고 요청하자 다른 종족 왕은 "그러니까 너희가 우리보다 나은 게 없다 이 말이지?" 하고 우쭐해져서 도와주겠다고 약속한다. 솔직하게 허약함을 인정하고 부탁함으로써 우월감과 동정심을 자극해 상대의 마음을 연 것이다.

살다 보면 이처럼 무릎을 꿇고 협상해야 할 때가 있다. 무릎을 꿇기 싫다는 건 협상을 중요하지 않게 생각하기 때문이다. '해도 그만, 안 해도 그만' 이라는 건 안 하겠다는 소리다. 말로는 "나는 타협할 줄 모르는 게 단점이야." 하면서 속으론 그게 자신의 장점이라고 생각하는 수가 있다.

그러나 타협과 협상은 다르다. 타협이라고 여겨 거부하는 것 중 상당수가 협상이다. 똑똑한데 잘 안 풀리는 사람의 특징은 대개 타협과 협상을 구분하지 못하고 자신을 과대평가하는 것이다. 협상을 무시하면 정보에 어두워진다. 정보를 모르면 문제를 제대로 파악할 수 없고, 접근 방식도 협소해진다.

협상에는 언제나 상대가 있고, 주는 것과 받는 것이 있다. 협상 대상에서 제외되지 않으려면 평소 누구와 무슨 일이든 협상할 수 있다는 태도를 지니는 게 중요하다. 조직이나 개인이 앞을 가로막으면 우선 걸림돌이 무엇이고 누구인지 찾아야 한다. 그런 다음 협상에 임하면 상황에 따라 무릎을 꿇을 수도 있고 아니면 결정적인 카드를 내밀어 상대를 회유할 수도 있다. 경쟁자가 먼저 유리한 위치에 섰다 하더라도 그게 맞다고 생각되면 고집 부리지 말고 그쪽에 서야 한다. 적이 한발 앞서 좋은 쪽을 차지했다고 억하심정을 부려 나쁜 쪽을 선택하는 것처럼 어리석은 일은 없다.

협상은 한 번으로 끝나지 않는다. 모든 고집은 '군살' 임을 명심하라!

5

인맥은 만들 수 있다

혼자 파도를 타지 말라. 파도타기 선수들은 비상사태가 벌어질 경우 지원 받을 수 있는 안전책 확보가 얼마나 중요한지 안다. 다른 사람과 지식 및 기지를 나눔으로써 최대한의 성과를 얻어 낼 수 있음도 안다.

— 로버트 크리겔, 「부러지지 않는 게 있다면 부러뜨려라」

젊을 때 나는 줄도 빽도 없다는 말을 자주 했다. 그러면서도 정작 끈을 만들려는 노력은 하지 않았다. 간부가 되고 나서야 연줄이나 인맥도 자기 하기 나름인 걸 깨달았다. 개천에서 나는 용의 99퍼센트가 남자인 이유는 여자들이 끈을 엮는 능력이 부족해서다.

인맥은 가장 큰 '사회적 자산'이다. 미국에서도 똑똑한 사람은 공부 많이 한 사람, 능력 있는 사람은 네트워크가 좋은 사람이라고 얘기한다. 우리의 경우 자녀의 인맥 형성을 위해 강남으로 이사하고 큰 교회를 찾는다는 얘기도 들린다. 물 좋은 곳에 살아야 인맥도 튼튼해진다는 논리인데, 나름대로 일리가 있다. 처음부터 끈을 쥐고 태어나는 사람도 있지만 끈의 대부분은 살아가면서 만들어진다.

핑계란 어떤 일에 매달려 보지 않은 사람이 내세우는 것이다.

"나는 빽이 없어." 하는 말은 곧 "나는 게을러." 하는 말이다.

인맥이란 스스로 만드는 것이다. 한 번 고객을 영원한 고객으로 만드는 영업맨도 있고, 일단 인연을 맺으면 어떻게든 도와주고 싶어지는 성실한 사람도 있다. 만난 사람을 관리하기에 달렸다는 얘기다. 친절하고 예의바른 태도, 한 번 만난 사람은 잊지 않는 기억력, 부탁이나 요청을 받으면 가부간에 빨리 회답하는 자세, 먼저 손 내미는 서비스 정신 등을 갖추면 빽은 생긴다. 인맥이 안 될 일을 되게 하긴 어렵지만, 적어도 시도해 볼 기회는 갖게 만든다.

인맥 만들기의 법칙 몇 가지. 첫째, 한 번 만난 사람의 이름과 신상을 기억하라. 두 번째 만났을 때 이름과 사는 곳, 아이들에 관해 정확하게 대는 사람에게 놀라고 감동하지 않을 사람은 없다. 출세하고 성공한 사람들은 모두 탁월한 기억력의 소유자들이다. 명함에 날짜와 특징을 표시하든, 헤어진 뒤 신상을 재차 확인하든 자신만의 비법을 찾아라.

둘째, 어떤 일이건 친절하게 성심성의껏 응대하라. 친절은 세상을 내 편으로 만드는 가장 큰 무기다. 사소한 일도 잘 처리하면 인맥의 도화선인 신뢰를 얻을 수 있다.

셋째, 무슨 핑계로든 자주 만나라. 필연을 만들든, 우연을 가장하든 자꾸 만나야 정든다. 술이든 골프든 상대방의 취미를 파악해 함께 즐기면 자연스레 친해진다. 가까워졌다 싶으면 작은 것부터 선물하라. 부담스럽지 않은 선물은 상대방의 마음을 연다.

6

사람들은 권력을 믿는다. 예외가 돼라

권력은 인격의 시금석이다. —그리스 격언

셰익스피어의 「리처드 3세」에서 리처드 왕은 자신의 범죄 행위를 충실히 도운 버킹엄 공작에게 약속했던 영지를 주지 않으려 한다. "나는 오늘 무엇을 수여할 기분이 아니다."라는 게 이유다. 공작이 조르면 다른 이야기만 하면서 '버킹엄은 지위가 높아졌으니 조심해야겠다.' 생각한다. 공작이 이걸 어렴풋이 깨달았을 땐 이미 늦었다.

끈은 중요하다. 소도 비빌 언덕이 있어야 한다는데 하물며 사람이 모인 조직 생활에서랴. 승진이나 자리 배치 때 누군가가 챙겨 주고 챙겨 주지 않는 것 사이엔 큰 차이가 난다. 별다른 잘못도 없고 문책 사항도 없는데 승진에서 빠지는 경우, 열에 아홉은 결정적인 순간 챙겨 주는 사람이 없었기 때문이다.

그러나 힘이란 늘 움직인다. 튼튼한 새 동아줄인 줄 알았던 줄이 얼마 지나지 않아 안 붙잡았으면 좋았을 썩은 동아줄로 드러나는 일은 흔하다. 가만히 있었으면 얼마 후 저절로 해결됐을 문제를 권력자를 동원해 오히려 악화시키는 수도 있다.

불 옆에 있으면 따뜻하지만 너무 가까이 가면 덴다. 권력자의 도움은 필요하지만, 너무 기대면 화를 입을 수도 있다.

권력은 사람을 변하게 만든다. 절대 안 그럴 것처럼 굴던 사람이 정작 작은 권력이라도 쥐면 오히려 더 목에 힘을 준다. 이런 사람은 누군가 옛정을 내세워 허물 없이 굴려고 들면 기겁을 하게 마련이다. 갑작스러운 권력을 얻어 어쩔 줄 모르는 사람에게 과거의 친분을 들먹이며 뭔가 요구하는 건 시쳇말로 무덤을 파는 일이다. 힘 있는 사람이 힘을 쓰는 건 자신에게 불리하지 않을 때뿐임을 알아야 한다. 자신에게 뭔가 영향이 미칠 것 같으면 가차없이 안면을 몰수할 수 있는 게 권력자들의 속성이다.

'자기보다 높은 자를 믿지 마라, 위험하다. 낮은 자 또한 믿지 마라, 볼품없다. 어느 쪽이든 지나친 호의를 보이면 상대는 당연히 그래야 할 줄로 여기고 계속 요구할 것이다. 붙임성은 종종 비천함과 닮는다.' 라는 옛 격언은 여전히 유효하다. 권력과는 언제나 너무 가깝지도 너무 멀지도 않은 거리를 유지하라! 그래도 권력 주변에 기대고 싶은 이들에게 해 주고 싶은 말 한마디. '적당한 애도는 돌아가신 이에 대한 의무지만, 지나치게 비통해하면 살아 있는 이에게 적이 된다.'

7

'비 새는 집'에게 배워라

뚝뚝한 여자들은 왜 둔한 남자들과 결혼하는가. 현명한 남자는 똑똑한 여자와 결혼하길 원하지 않기 때문이다. —서머싯 몸, 「달과 6펜스」

문학 담당 기자 시절, 어느 문인 단체 선거에서 내 생각엔 납득하기 어려운 인사가 임원으로 뽑혔다. 궁금해서 관계자에게 내막을 물었더니 복수 투표 때문이라고 했다. 부회장을 세 명 뽑는데, 투표자마다 두 명은 대표로 인정할 만한 인사를 찍고 한 명은 실력과 관계없이 평소 밥 한 끼라도 사 준 사람, 다소 안쓰러운 사람을 적어 낸 까닭이라는 거였다.

2000년 부시와 고어의 선거전에서 고어가 패한 건 너무 똑똑해 보여서라고 한다. 국내 유명 대학의 여성 총장은 농담처럼 이렇게 말했다. "내가 좀 불쌍하게 생겼나 봐요. 그래서 그런지 사람들이 거들어 주려고 해요."

이런 예는 수없이 많다. 사람들은 완벽하고 많은 것을 갖춘 사람보다 어딘가 부족하고, 그래서 뭔가 도와줘야 할 것 같은 사람에게 관심을 갖는다. 지나치게 자신있거나 완벽해 보이는 사람들이 일찌감치 도태되는 건 경계심과 질투심을 자아내기 때문이다. 여자는 얼빵해야 한다고 떠든 사람이 있었거니와, 얼빵해야 하는 건 여자에 국한되지 않는다.

회사에서도 자기 일을 완벽하게 처리하는 사람보다 어딘가 부족해 걸핏하면 상사에게 야단을 맞는 사람이 먼저 승진하는 일이 왕왕 있다. 완벽한 부하는 '알아서 잘하겠지.' 혹은 '나 아니라도 될걸.' 하는 생각에 그냥 내버려 두지만, 수시로 도움을 필요로 하는, 비만 오면 여기저기 새는 처량맞은 집 같은 부하에 대해선 '나라도 안 거들어 주면 살기 어렵겠지.' 싶어 신경을 쓰는 것이다.

'비 새는 집' 은 기회를 준 데 대해 고마워하고, 자신의 모자람이 드러난 뒤에도 자르지 않은 것에 재차 감사하고, 도와준 상사에게 충성을 맹세하게 마련이다. 윗사람은 바로 이런 점을 높이 산다.

그러다 보니 '비 새는 집' 은 전략인 경우도 많다. '내겐 당신(윗사람)이 없으면 안 된다.' 혹은 '제발 도와달라. 안 그러면 나는 죽는다.' 하는 식으로 매달린다.

원리는 간단하다. 이치나 도리에 상관없이 약자 편을 드는 인지상정을 이용하는 것이다. 똑똑하고 잘난 사람 말이 아무리 옳아도 비 새는 집의 터무니 없는 주장 쪽에 더 귀를 기울이는 일이 비일비재하다.

그러니 '비 새는 집' 을 무시하지도 동정하지도 마라. 오히려 그들의 움직임을 살피고, 그들이 주위 사람에게 어떻게 접근하는지 본 다음 벤치마킹 해 보라!

8

아부를 우습게 여기지 마라

저기 낙타처럼 생긴 구름이 보이나? 아이고, 정말 낙타 같습니다.
족제비 같다는 생각도 드는군. 네, 과연 족제비같이 보이는군요.
아니, 고래 같지 않나? 아, 네, 정말 고래 같습니다. —셰익스피어, 「햄릿」

나는 30대를 다 보낼 때까지 아부는 나쁜 것이고 모자란 사람들이나 하는 짓으로 알았다. 방송사 사장을 지낸 B 씨가 젊은 시절 당시 사장을 수행해 여행하는 동안 호텔에서 사장 방 새 비누의 각진 부분을 깎았다는 얘기를 듣고 깔깔대고 웃으면서 "세상에" 했다. '아부도 능력' 임을 안 건 나이 사십이 넘어 부장이 되고 나서다. 기왕이면 취재처에서 일찍 들어와 오늘은 이런저런 일이 있었고 누구는 어떻게 말했다고 조근조근 보고하고 간식이라도 함께 먹으러 가 주는 후배가 예뻤던 것이다.

많은 사람들이 자신은 아부와 거리가 멀다고 말하면서 남들을 비웃는다. "저 친구는 지문이 없다지? 하도 비벼서." "어, 열심히 아부를 하더니 한 자리 하긴 하네. 나는 죽으면 죽었지 입에 발린

소린 못해."

아부의 기준은 무엇인가? 회사 돈으로 놀고 오는 출장을 다녀오면서 부장을 위해 넥타이나 술을 사 오는 건 아부인가 아닌가? 감기로 고생하는 상사에게 약이라도 사다 주는 건? "과장님(부장님)은 참 젊어 보이세요. 비결이 있으세요?" 하고 한마디 건네는 건?

말 한마디라도 살갑게 하는 사람과 그렇지 않은 사람을 똑같이 평가하지 않는 건 인지상정이다. 실력이 남달리 뛰어난 경우 뻣뻣하다는 이유만으로 줘야 할 점수를 안 주지는 않을지 몰라도, 애초에 직장에서의 실력이란 누군가가 인정해 주고 기회를 줘야 발휘 가능한 것이다. 기회를 주는 건 어디까지나 상사의 몫이다. 일단 인정받아야 큰소리도 칠 수 있다. 인정받지 못하면 그저 불평 분자가 되어 따로 놀게 될 뿐이다. '사회성 부족'이란 낙인이 찍히는 것도 멀지 않다.

사람들과 소원해진 다음에 뒤늦게 점수를 따고 평판을 바꾸려고 하는 건 엎질러진 물을 도로 담는 일만큼 어렵다. 이미 형성된 편견을 깨고 우호적으로 돌려 놓는 데는 엄청난 노력이 필요하다. 이 경우 자칫하면 부자연스럽고 역겨운 아부가 나와 역효과만 낸다.

애초에 목을 뻣뻣이 세우지 말라! 아부는 어렵지 않다. 돈이 많이 들지도 않는다. 선배를 선배로, 상사를 상사로 대접하는 것이야말로 최대의 아부다.

9

기득권을 공격할 때는 조심하라

사람들은 아버지를 죽인 사람보다 유산을 빼앗아 간 사람들에게 더 적의를 품는다. —라 로슈푸코, 「잠언과 성찰」

컴퓨터 제작 시스템이 시작된 뒤 신문 제작 과정 효율화를 강구하는 일을 맡았다. 과정을 살펴보니 없어도 될 단계가 하나 끼어 있었다. 당연히 그 과정을 생략해야 한다고 건의했다. 이후 나는 그 일을 담당했던 사람들은 물론 전혀 상관없는 사람들로부터도 엄청난 눈총을 받았다. 남들이 알면서도 손대기 꺼렸던 '기득권 박탈' 의 총대를 내가 멨던 것이다.

컬럼비아 대학에서 돈에 관한 인간 행동을 연구하기 위해 은행에 몰래카메라를 설치해 출입하는 사람들의 표정을 관찰했더니, 은행에 들어서는 순간 미소짓던 사람도 표정이 굳어지고 외향적인 사람도 조용해졌다고 한다. 관찰자들은 이를 통해 사람들은 교회보다 은행에서 더 엄숙해진다는 결론을 내렸다.

슈테판 츠바이크는 전기 소설 「마젤란」에서 갈파한다. "결정적인 발명이나 발견의 동기는 정신적인 것이지만, 이것을 실행에 옮기게 하는 건 물질적 자극이다." 콜럼버스나 마젤란의 탐험 계획이 왕과 귀족들의 지지와 투자를 받을 수 있었던 건 투자액의 1000배를 돌려받을 수 있다는 전망 덕분이었다.

돈이나 이권이란 이런 것이다. 평소 유쾌하던 사람도 이해 관계가 얽히면 달라진다. 소위 '밥그릇 싸움'엔 명분도 체면도 없다. 유사 이래 수많은 개혁이 실패로 돌아간 건 모두 기득권 세력의 반발 때문이다. 변화든 개혁이든 뭔가를 바꾸려면 힘의 중심이 옮겨지고, 그에 따라 손해 보는 집단이 생겨나게 마련이다. 기득권 박탈에 대한 위협을 느낀 세력의 반격을 돌파하기는 결코 쉽지 않다.

조직에서 뭔가를 바꾸고 싶으면 기득권 세력의 반발을 최소화하는 게 필수적이다. 일단 그들을 안심시킨 뒤 일을 추진해야 한다. 전임자가 아무리 잘못했어도, 들여다보면 그와 함께 뭔가를 나눠 가졌던 사람이 있게 마련이다. 잘못된 관행을 척결한다고 그동안 누려 온 것들을 빼앗으면 옳고 그름을 떠나 적대감을 유발한다.

오너라면 모르지만 월급쟁이라면 정의감만으로 관행에 의해 주어지던 기득권을 하루아침에 빼앗지 않는 게 좋다. 칼로 자르듯 공격하기보다 기득권의 규모를 줄이거나 일부 양성화되도록 유도하는 등 단계별로 처리해야 한다.

무소불위의 권력으로 한꺼번에 수많은 적과 싸워 이길 수 있다면 모를까, 그렇지 않다면 갑작스레 기득권을 뺏지 말라!

10

조직의 특성을 파악하라

자신을 조직의 희생물이라 느끼는 사람들이 있다. 그들은 "직업을 잘못 선택했다." "권태기에 빠졌다." "조직 내 평지풍파를 원치 않는다."라고 말한다. 나는 그들에게 권한다. 누구나 볼 수 있게 손을 높이 들고 의견을 피력하라고. 피해 의식을 없앨 수 없거든 차라리 회사를 옮겨라.

— 잭 웰치

내가 왜 따돌림 당하는지, 괜찮아 뵈는 인물이 왜 번번히 부서에서 방출되는지, 출신 학교도 다른 인물들이 왜 엉뚱한 사람 밑에 줄을 서는지 오랫동안 알 수 없었다. 그 근저에 지연(地緣)이라는, 내가 무심했던 요인이 들어 있음을 안 건 한참 뒤였다. 나는 내가 속해 있던 조직의 특성을 알지 못했던 것이다.

남을 알고 나를 알면 백전백승할 수 있다고 한다. 너무 당연한 말이어서 오히려 귀에 잘 들어오지 않는다. 그러나 남을 아는 것도 나를 아는 것도 결코 쉽지 않다. 많은 월급쟁이들, 특히 여성들은 자기 조직의 특성을 쉽사리 파악하지 못한다. 공채 출신이 아닌 경우는 더하다. 조직의 흐름에서 배제되기 십상인 만큼 조직의 문화를 알기 어려운 것이다.

그러나 로마에 가면 로마 법을 따라야 하는 게 원칙이다. 조직의 일원으로 살아가자면 무엇보다 조직의 특성, 조직의 문화, 조직 구성원의 성향과 분포도를 알고 거기에 적응하려 노력해야 한다. "무슨 소리냐, 괜히 눈치 보지 말고 일만 열심히 하면 되지."라는 건 스스로를 조직의 주요 흐름에서 배제시키는 지름길이다.

조직의 인적 구성을 파악하고 있어야 조직의 의사 결정 과정을 이해하고, 결정적인 순간 어떤 방향으로 판단이 내려질지 짐작하고 그에 대처할 수 있다. 특히 공개 채용에 따른 기수(期數) 중심 문화가 지배하는 곳에선 공채 기수 주도 세력의 인적 사항을 파악해 둬야 집단 공격을 막고 집단 방어막을 활용할 수 있다.

조직의 특성을 알면 처신을 결정할 수 있다. 당연히 될 일이 왜 안 되는지 모르고 사태를 개선하려는 노력 없이 조직의 희생물이라고 여겨 풀 죽은 채 살아가는 것처럼 한심한 일은 없다. 원하는 것을 얻을 수 없으면 주저앉아 있을 게 아니라 원인이 뭔지 눈을 크게 뜨고 들여다봐야 한다. 자신의 장점이 인정되지 않고 단점으로 지적된다면 자책할 게 아니라 어떻게 해야, 어디로 가야 장점을 살리고 인정받을 수 있는지 찾아내야 하는 것이다.

영남권 출신 조직에서 호남 출신으로 살아가려면 어떻게 해야 하는지, 호남권 중심 조직에서 영남 출신으로 견디자면 무슨 수가 있을지, 이도 저도 아니면 또 어떻게 해야 하는지, 고려대 출신이 많은 곳에서 다른 대학 출신으로 살자면 어떤 방법이 있을지 궁리해야 한다. 평생 직장은 없다. 이기고 싶으면 조직의 특성을 알고 그에 맞게 자신을 변화시키고, 정히 안 되겠다 싶으면 웰치의 말처럼 다른 길을 모색하라! 그래야 인생을 허비하지 않는다.

11

개구리는 개구리로 대접하라

새로운 품위를 지니게 된 자는 젊은 시절의 과오가 기억되기를 원치 않는다. 과거의 친구를 통해서도, 변죽을 울리는 것도 결코 원치 않는다. 남의 옛 잘못을 들먹이는 자는 아물지 않은 상처를 건드리는 것과 같다. — 롤프 브라이텐슈타인, 「주식회사 햄릿」

이런 일이 있었다. 20여 년 만에 만난 사람이 반가워하며 "아이구, 미스 박!" 하면서 내게 다가왔다. 옆 사람들이 다 놀라서 누굴 부르나 두리번거리다 나인 줄 알고는 기이한 표정을 지었다. 연장자인 데다 악의 없는 말이라 그냥 지나갔지만, 솔직히 다시는 만나고 싶지 않았다.

셰익스피어의 「헨리 5세」에 보면 젊은 시절 기사 팔스타프와 어울려 망나니 짓을 하던 헨리가 왕위에 오르자 돌변해 옛 친구인 팔스타프 패거리를 내쫓는 장면이 나온다. 왕자가 즉위하면 한몫 잡을 줄 알았던 팔스타프는 후회했지만 소용 없는 일이었다.

헨리 5세가 야속해 보이는가? 흔히 잘나가는 사람을 보고 개구리 올챙이 적 생각 못한다고 탓한다. 알던 사람이 괜찮은 자리에 오르면 옛날에는 저 사람이 이랬고 저랬는데 해 가며 뒷말을 하고, 심지어 다른 사람 앞에서 "어, 김 형, 오랜만이네. 그 동안 확 폈다며?" 해 놓고 상대방이 당황하면 사람 변했다고 떠든다.

그러나 개구리는 올챙이가 아니다. 일단 개구리가 되면 올챙이와는 달라진다. 꼬리 대신 다리가 생기고 숨쉬는 방법도 변한다. 조직에서 살자면 그게 누구든 '오늘의 그 사람'으로 대우해 줘야 한다. 어색하고 쑥스러워서, 혹은 아니꼬운 심정에서 옛 호칭을 계속 사용하면 결국 소원해지거나 적을 만들게 된다. 승진해서 부장이 된 사람에게 "어이, 김 대리, 요즘 어떻게 지내?" 하는 건 다신 보지 말자는 거나 다름없다. 설사 어제까지 같은 차장이었어도 오늘 부장이면 부장이다. 자꾸만 지금보다 못했던 과거를 들먹이는 걸 애정이나 관심으로 이해해 줄 사람은 아무도 없다. 개구리의 올챙이 시절을 들춰내는 것은 어떤 경우라도 질투와 시기심의 발로로 받아들여질 뿐이다.

잘나가는 사람과 가깝게 지내고 싶거든 꿈에라도 그의 올챙이 적 일을 거론하지 말아야 한다. 술김에 농담 삼아 "예전엔 참 후졌는데, 안 그래?" 혹은 "사람 팔자 알 수 없어. 자네 학교 성적은 영 엉망이었잖아." 하는 수가 있다. 그 자리에선 웃고 넘어가지만 결과는 뻔하다. 사람들은 취중진담을 잊지 않는다.

한동안 만나지 못한 사람에게 연락할 때는 당사자와 통화하기 전 반드시 현재의 직함이나 직책을 확인하라. 자신의 과거나 약점을 숨기듯 남의 과거도 덮어 두고 들추지 말라!

12

중개인의 공로를 인정하라

학부모 회장으로 일하면서 정한 원칙이 있다. 학교 발전 기금 명목으로 모은 돈은 몽땅 학교 재정에 넣고, 학부모 모임 비용은 참석자들이 각자 부담한다는 것이었다. 인기 없는 방침이었지만 고수했다. 단 한 가지 예외는 연말에 총무를 맡았던 어머니에게 통신비를 지불한 것이다. 아무리 아이들을 위한 봉사직이라고 해도 1년간 20명 가까운 학부모들에게 수시로 연락하는 데 든 최소한의 전화비는 공식적으로 지불하는 게 옳다는 생각에서였다.

무슨 일, 어떤 모임에든 연락책은 있어야 한다. 동창 모임이건 사내외의 동아리건 잘 되는 곳은 총무나 간사가 부지런하고 헌신적인 경우다. 총무가 게으르면 모임은 흐지부지된다. 브로커에 대한 이미지가 부정적이기만 하던 예전과 달리 오늘날 중개인은 많은 분야에서 없어서는 안 될 중요한 직책으로 인정받는다. 그러나 우리 사회에선 직업적 중개인은 인정하면서도 작은 일, 가까운 사람의 수고에 대한 대가는 지불하지 않으려는 경향이 아직도 농후하다.

아무리 작은 모임이라도 총무나 간사 노릇을 하자면 시간을 빼앗기는 건 물론 전화비 등 딱히 계산할 수 없는 각종 비용도 들고, 사람을 챙기는 심적 노고도 만만치 않다. 그런데도 많은 경우 친목 모임이라는 이유로 총무나 간사의 수고를 당연한 것으로 여기고 인사는커녕 사소한 일에 불평하곤 한다.

아는 사람의 수고도 수고다. 수고에 대해 대가를 지불하거나 고마움을 표할 생각이 없이 당연시하면 어떤 식으로든 부조리가 발생할 수 있다. 무슨 일이든 처음엔 사명감을 갖고 하지만 주변 사람들이 알아주지 않고 자신을 이용하려고 든다 싶으면 약이 오르고, 그 결과 나름대로 제 몫을 챙기려 들 수 있기 때문이다. 그러다 보면 비리가 생기거나 좋게 만나 언짢게 헤어지는 일이 벌어진다.

조직이 아니라 개인끼리도 마찬가지다. 필요한 경우에 필요한 사람을 소개받았으면 어떤 식으로든 고마움을 표시하는 게 마땅하다. 다른 사람의 시간과 정력을 빼앗았으면서 "아는 처지에……." 라는 말 한마디로 그냥 지나치고 나면 다음엔 다시 부탁하기 어렵다. 거간의 역할과 중요성을 인정하라!

일본 신입사원들이 명심하는 7대 원칙

1. 부모와 상사는 선택할 수 없다. 상사는 회사 생활의 생사여탈권을 쥔 사람이다. 상사의 행동은 사소한 것도 칭찬의 대상이라는 것을 잊어선 안 된다.

2. 회사는 결코 사원의 개인 사정을 봐주지 않는다. 일생일대의 중대사인 자기 집 마련을 달성해도 지방 전근을 유보해 주지 않는다.

3. 월급 액수를 묻지 마라. 일본에선 능력급이 확대됐고 소니의 경우 신입사원끼리도 차이가 난다. 입사 동기에게 "이렇게 쥐꼬리만 해서야 어떻게 먹고 사나." 해 봐야 힘만 빠진다.

4. 회사가 마련한 복지 제도를 그대로 믿지 마라. 육아 휴가는 제도상 명문화됐으나 제도에 충실할 경우 추후 직장 생활에 어려움을 겪게 된다.

5. 출근시간은 50년 전이나 지금이나 변하지 않았다. 요즘엔 오전 8~10시 사이 편리한 시간에 출근하는 '출근 시간 탄력제'가 많이 도입됐다. 그러나 상사들의 출근 시간은 변함없이 9시다.

6. 인사는 예고 없이 단행된다.

7. 사장도 외롭다.

살아남은 자의 교훈 2

유명 인사들의 자서전을 보면 성공의 요소로 한결같이 불같은 열정을 꼽는다. **남이 뭐라든 당당하게 소신을** 밝히고, 압력에 굴하지 않고, 포기하지 않음으로써 성공했다고 돼 있다. 일부는 **맞지만 일부는 틀리다.** 지나친 열정과 일방적인 **주장은 화를 부른다.** 어디나 일을 되게 만드는 사람은 적어도 안 되게 할 수 있는 사람은 많다. 주위를 살피고 **조직의 특성을 파악하라!** 여자는 남자와 다르다. 마음을 꼭꼭 숨기고 적에게도 부드러운 얼굴로 미소지어라! **눈총도 총이다.** 자꾸 맞으면 죽고, 죽으면 살아나기 어렵다.

13

능쳐라. 지나친 솔직함은 미덕이 아니다

친구들 앞에서 사업이 잘 된다는 식의 얘기는 하지 않는 게 좋다. 믿지 않거나 허풍을 떤다고 비난할 것이다. 일이 잘 안 풀린다고도 하지 마라. 고소해하면서 적에게 퍼뜨릴 것이다. 그러면 적은 당신을 공격할 때가 왔다는 신호로 받아들일 것이다. 누가 적에 대해 얘기할 때 성급하게 믿어서도 안 된다. —임어당

몇 번이나 분한 눈물을 삼킨 후 겨우 승진했을 때다. 누군가 인사위원회 분위기를 전해 주었다. 하마터면 이번에도 물 먹을 뻔했다는 것이다. 상황을 전해 듣는 순간 고맙고 다행스럽다는 마음은 사라지고 알 수 없는 분노가 치밀었다. 모르는 게 약이었던 셈이다.

임어당은 이렇게 말했다. "중국 사회에서 덕망을 얻으려면, 자신의 말과 감정을 감추려는 진지한 욕망을 갖고 신사답게 거짓말을 하는 능력을 키우고, 유머 감각을 가지고 자신과 친구의 거짓말을 받아들임으로써 정신적 평정을 보여 주어야 한다."

물론 아무나 천연덕스럽게 거짓말을 할 수 있는 건 아님을 임어당도 인정한다. 사람을 즐겁게 하는 건 대부분 타고난 성품이라 어떤 경우엔 노력해도 좀체 성공하지 못한다. 그러나 속마음을 감추

는 것까지는 훈련에 따라 가능하고, 세상을 탈 없이 살아가자면 그렇게 할 수 있어야 한다. 무조건 솔직함이 미덕이라 믿던 선입견을 깨고 포커페이스를 유지할 수 있어야 한다는 말이다.

솔직함에는 여러 가지가 있다. 자신의 의견이나 형편을 있는 그대로 드러내는 것도 솔직함이요, 마음속 생각을 감추지 못하는 것도 솔직함이다. 어느 쪽이든 지나친 솔직함은 상대방은 물론 자신에게도 뇌를 파고드는 얼음 송곳일 수 있다.

남에게 의견을 물으면서 정말 그 의견대로 하려고 생각하는 사람은 없다. 윗사람이 아랫사람한테 물을 때는 더더욱 그렇다. 의견을 묻는 것이 아니라 그 사람의 속내를 알아보려는 것이다. 그것도 모르고 있는 대로 몽땅 털어놓았다가 물어본 사람의 속마음과 다르면 사이만 멀어지고 만다. 군대의 신병 훈련소에서 훈련이 끝날 즈음 느낀 점을 솔직하게 써 내라기에 고스란히 털어놨다가 치도곤을 당했다는 식의 에피소드는 조직 여기저기서 계속 재생산된다.

살다 보면 모르는 게 약인 수가 허다하다. 적당한 거짓말은 서로 간에 받을 수 있는 상처를 줄인다. 남의 거짓말에 대해서도 눈 감아야 할 때가 많다. 분명 거짓말이거나 과장인 줄 알아도 나와 직접적인 이해 관계가 없는 일이라면 적당히 모른 체 넘어가라!

14

아는 것도 자꾸 물어라

상사를 다루기는 간단하다. 부하를 다루기보다 훨씬 간단하다. 해야 할 사항 몇 가지가 있을 뿐이고, 해서는 안 되는 사항은 적다.

—피터 드러커

평기자 시절 나는 윗사람을 귀찮게 하지 않는 게 좋은 부하인 줄 알았다. 상사의 잔소리가 싫었음도 물론이다. 그래서 문제가 있어도 어떻게 하든 혼자 해결하려 애썼다. 선배에게 뭔가 자꾸 물음으로써 선배가 자기 경험이나 무용담을 자랑스레 펼쳐 놓을 기회를 주는 후배가 매사 말 붙일 데 없이 똑 부러진 후배보다 낫다는 걸 안 건 부장이 된 다음이었다.

피터 드러커에 따르면 아랫사람의 덕목은 이렇다. 첫째는 상사를 유능하게 하고 공을 세우도록 돕는 것이 자신의 임무이자 자신에게 이롭다는 것을 깨닫는 것이다. 그러자면 수시로 윗사람에게 가서 물어야 한다. “뭘 해 드릴까요?” 드러커는 또 상사가 듣기 좋아하는 말과 싫어하는 말을 알아서 상사를 불안하게 만들지 않도록 하라고 얘기한다.

두 번째 덕목은? 상사의 장점과 한계, 약점 등을 알아서 대비하는 것이다. 세 번째는 상사가 기대하는 것과 어떤 목표에 집중해야 하는지를 확실히 설정하는 일이다.

조직에선 종종 완벽하게 일을 처리하는 사람보다 자주 실수해서 야단맞는 사람이 앞서 가는 걸 보게 된다. 자신의 능력을 믿었다가 땅을 쳐 봐야 소용없다. 저 혼자 잘난 사람보다 윗사람의 조언과 노하우를 필요로 하는 사람에게 더 정이 간다는데 어쩔 것인가.

조직에서 살아남아 성공하자면 부지런하고 능력이 있어야 하지만 수완도 있어야 한다. 자신의 능력을 믿는 마음, 또는 바쁜 상사를 귀찮게 하지 않겠다는 충성심에서 묻거나 의논하지 않고 독자적으로 일을 처리하면 인정을 받기보다 섭섭한 감정에서 나온 "그래? 어디 잘해 봐." 하는 비아냥을 받기가 더 쉽다.

아는 것도 묻는 건 상사에게 경력과 노하우의 필요성과 중요성을 확인하는 기쁨을 갖게 한다. 사람은 크게 다르지 않다. 기쁘고 즐거우면 어떤 식으로든 보상을 해 주고 싶어 하게 마련이다.

좀 안다고 간섭을 거부하는 일, 윗사람의 의견에 토를 달아 가며 못마땅해하는 일은 시쳇말로 무덤을 파는 거나 다름없다. 아는 것도 묻고, 설사 내가 옳다 싶어도 일단 논쟁하지 말고 상사의 지도와 가르침에 감탄하는 게 좋다. 가르침에 대한 고마움을 표시하고, 아이디어를 구하고, 길을 물으면 누구나 손을 내민다. 결과적으로 실력 향상에도 보탬이 된다. 묻고 또 물어라!

15

확고한 견해는 소인의 몫이다

정견은 소인의 것이다. —키케로

오랫동안 별명이 '칼'이었다. 매사 분명한 걸 좋아하고 또 당연히 분명해야 한다고 믿었기 때문이다. 어떤 일이건 명쾌하게 단정지으면 주위에선 시원하다며 좋아했다. 윗사람들이 즉석에서 결론 낼 수 있는 간단한 일도 언제나 생각해 보자느니 "검토해 봅시다." 하면 답답해 미칠 것 같았다.

유명한 철학자 피히테 역시 비슷한 경험을 했던 것 같다. 젊은 시절 가정교사로 취직했을 때 그는 어린이보다 부모를 먼저 교육해야 한다고 생각해서 부모들을 상대로 매주 그들이 저지르기 쉬운 교육적 과오를 얘기했다. 결국 피히테는 일자리에서 쫓겨난 다음 형에게 이런 편지를 보냈다. "고집불통인 사람들을 그렇게 몰아붙이고 나를 존경하도록 강요하는 순간 난 이미 퇴직을 선언했던 셈이지. 난 너무 자존심이 강해서 그걸 번복하지 못했고, 나를 그냥 놔두기엔 그들의 두려움이 너무 컸던 거야."

매사 분명한 의사 표시, 상황 변화를 감안하지 않은 일관된 태도는 주위의 미움을 불러일으킬 뿐만 아니라 자신을 어둠 속에 가둔다. "소신이 없으면 친구를 배반했다고 비난받는 일도 없고 완고하다는 말도 듣지 않을 것이다."라는 임어당의 말은 오늘날 우리 사회를 살아가는 데도 여전히 유효하다.

임어당은 구체적인 예를 이렇게 들었다. "어떤 시인이 시집을 들고 와서 내 의견을 물었다. 나는 인쇄가 좋고 장정이 훌륭하다고 말했다. 또 한 사람이 문학에 관한 사업을 상담하기에 장래가 밝으며 행운을 빈다고 했다. 얼마 전 외국인 친구가 풍옥상에 관해 물었을 때 '나는 신사라 의견이 없다.'고 답했다. 장개석 총통이 최근 세례를 받은 건 어떻게 생각하느냐고 묻기에 말했다. '좋은 일이다. 한 영혼이 구원됐다.' 외국인 친구는 나를 비겁한 인간이라고 생각했겠지만 나는 엄밀하게 중국 신사가 지켜야 할 법칙에 따랐으며, 중국 사회에서 성공하길 바라므로 앞으로도 이런 태도를 고수할 것이다. 신이여, 나를 축복하소서."

나이 사십이 넘어도 악당이 되지 않으면 그는 문학적 천재거나 허약 체질자라는 게 임어당의 주장이다. 젊었을 때 이상주의자가 아니어도 문제지만, 나이 들어 현실주의자가 되지 않는 건 더 큰 문제다.

살다 보면 상황이 변하고, 상황이 변하면 생각도 달라진다. 너무 분명하게 굴거나 '결코', '절대'라고 말하지 마라!

16

선배를 대접하라

모든 세대는 한때 젊고 무책임했던 경험을 갖고 있다. 우리는 무에서 출발하는 게 아니라 과거의 유산을 짊어지고 출발한다. 낡은 세대의 힘도 우주에 생명이 태어난 이래 이뤄진 모든 행위의 누적된 업보(카르마)에 의해 제약받고 있다. — 아놀드 토인비, 「젊은이를 위한 대화」

젊을 때 나는 솔직히 건방진 후배였다. 맏이인 데다 일찍부터 혼자 많은 일을 처리해 왔으므로 누군가를 대우하는 일에 익숙하지 않았다. 선배라고 폼 잡거나 지나간 영웅담을 늘어놓는 것도 마땅찮았다. 최소한의 도리는 다했지만 마음속으론 이렇게 생각했다. '나는 절대 저렇게 되지 않을 거야. 나이 대접 받겠다고 하는 것처럼 우스운 일이 어디 있담.' 선배가 된 지금 나는 종종 예전의 내 눈빛이 그랬을 후배들의 눈빛을 본다.

조직의 일원으로 사는 건 어렵다. 위아래로 치이며 살아야 하는 봉급쟁이들은 특히 그렇다. 누구나 하루에도 열두 번씩 "에잇." 하면서 사표를 써서 던지고 싶어진다. 일보다 인간관계가 더 어렵다. 선배는 버릇없고 제멋대로인 후배 때문에 울화통이 터지고, 후배는 매사 권위주의적인 윗사람이 딱 질색이다. 예전엔 일 끝나고 다 같이 한잔 하면서 마음을 털어놓기도 하고, 취한 김에 할 소리 못 할 소리 해 버리곤 그걸 계기로 겸연쩍게 사과하고 양보하며 사이를 돈독하게 하기도 했다. 그런데 갈수록 흉금을 터놓기가 쉽지 않다. 한번 틀어지면 겉으론 괜찮은 척 지내도 술은커녕 밥도 같이 안 먹는다. 달라진 조직 문화는 억지로라도 메워지던 골을 메울 수 없도록 방치한다.

그러나 봉급쟁이는 가정보다 회사에서 훨씬 많은 시간을 보낸다. 선배나 후배와 불편한 관계로 지내는 건 당사자는 물론 주위 사람들의 정신 건강까지 해친다. 따져 보면 먼저 원인 제공을 한 사람이 있을 것이다. 그래도 선후배 문제라면 후배가 먼저 사과하는 게 낫다. 선배는 적이 아니다.

게다가 오늘 선배의 입지는 후배가 생각하듯 그렇게 탄탄하지 않다. 젊었을 때의 자신감은 줄고, 나름대로 부지런히 살았는데 쌓인 건 없다는 자괴감에 시달린다. 겉으론 큰소리 쳐도 속으론 불안한 게 선배의 처지다. 뒷사람들이 볼 때 앞사람들의 모습은 못마땅한 것투성이고, 나이는 헛먹었나 싶을 때도 많을 것이다. 그러나 그 선배, 그 상사도 똑같은 시절을 거쳤다. 선배도 한때는 잘못된 현실을 바꿔 보려 싸우기도 했고, 그러는 동안 지치고 피곤해졌다. 시간이 흐르면 의욕만으로 문제를 해결할 수 없고, 때로는 문제의 핵심에서 다소 벗어나는 것도 방법이 될 수 있음을 깨닫는 날이 온다.

누구나 언젠가 선배가 된다. 잘잘못을 따지며 버릇없게 굴지 말라!

17

험담이나 불평에 동조하지 마라

입과 지갑은 조심스럽게 열어라. —「마피아 경영학」

예전엔 누군가 말하면 맞장구를 쳐 줘야 한다고 생각했다. 그래야 말한 사람이 쑥스럽지 않겠지 싶어서였다. 그런데 이게 웬일! 아무 생각 없이 한 말이 날카로운 화살이 돼 돌아왔다. 무슨 말을 했는지조차 기억나지 않는 가벼운 자리였는데 그날 나온 험담이 몽땅 내가 한 게 돼 버린 것이다. 말이 퍼진 경로를 알 수가 없으니 변명도 못하고 고스란히 뒤집어쓸 수밖에 없었다.

살다 보면 실로 엉뚱한 일을 겪는 수가 있는데, 일의 발단을 캐 보면 세 치 혀 때문인 수가 허다하다. 무심코 한 말이 앞뒤 잘리고 전해져 오해를 불러일으키는 것이다. "그러게 말을 말아야지." 라고들 하지만 말을 안 하고 살기가 쉬운가.

말을 하다 보면 뒷말도 나고 주워들은 말도 보태게 된다. 그러다 별 뜻 없이 한 말이 옮겨지면 커다란 오해를 부를 수 있다. 특별히 누구를 욕하거나 비난하기 위해서가 아니라 단지 분위기를 맞추느라 한 얘기인데 결과적으론 흉을 본 게 되는 것이다.

말이 옮겨질 때 들은 사람이 그 말이 나온 상황을 잘 고려해서 침착하게 판단하면 문제 되지 않을지 모른다. 하지만 사람은 그렇게 논리적이지 않다. 특히 자신에 관한 말에 대해선 거의 사실 여부를 확인하지 않는다. 백발백중 말한 사람을 경계하고 싫어하게 되고 만다.

그러면 어쩌면 좋을까? 어려운 일이 있을 때 누군가에게 하소연하는 건 문제를 해결해 주리라고 믿어서 말하는 것이 아니다. 그저 답답하고 안타까운 나머지 속을 털어놓고, 작은 카타르시스라도 느끼려 하는 것이다. 거꾸로인 경우도 마찬가지다. 누군가에게 털어놓고 하소연하는 동안 상당 부분 해소되고, 자리가 파할 때쯤엔 오히려 '너무 심했나.' 하고 반성하는 일도 많다.

그러니 사람을 아끼고 위하는 길은 말을 옮기지 않는 것이다. 누군가 다른 사람 흉을 보거든 끼어들어 동조하지 말고, "그럴 수도 있겠네." "너무 속상해하지 마." 정도로 위로해 준 다음 잊어버려라! 혹시 도와준답시고 말을 전하면 도움은커녕 문제를 키우기 십상이다. 시간이 지나면 원래 험담을 했다는 사람보다 그걸 굳이 전한 사람이 더 괘씸하게 여겨지는 수도 많다. 뒷소문을 전하는 사람은 자칫 자기가 몽땅 뒤집어쓸 일도 각오해야 한다.

18

이길 수 없으면 납작 엎드려라

세상에 이별을 고하는 일을 참아야 한다. 바로 지금 죽음이 이쪽으로 온다고 해도 말이다. 때가 무르익는 것이 중요하다. — 셰익스피어, 「리어 왕」

그리스 신화에 나오는 이카로스 이야기다. 아버지 다이달로스와 젊은 아들 이카로스가 밀랍으로 날개를 붙이고 함께 하늘로 날아올랐다. 젊은 이카로스는 너무 높이 날다 태양열에 밀랍이 녹아 바다로 떨어졌지만, 늙은 아버지는 낮게 날아 무사히 돌아온다. 살아가자면 이처럼 '낮게 나는 재능' 을 갖춰야 한다.

이상에 매달리는 건 젊은이의 특권이다. 그러나 실제 세상에 관한 냉정하고 평범한 상식과 돈과 힘에 관한 감각 없이 이상만 앞세우면 현실이라는 전장에서 패배하고 만다. 아프게 넘어져 보면 감정적으로 성숙하고 정신적으로 강해진다. 그때까지 옥죄고 있던 신념이란 이름의 집착에서 벗어날 계기도 된다.

신념이나 집착은 삶에서나 인간관계에서 폭넓은 선택의 기회를 차단한다. 얻을 수 없는 것, 얻어지지 않는 것에 집착하지 말고 흐르는 시간과 상황의 변화에 맡겨 두는 것도 방법이다.

무슨 일이 잘 안 풀릴 때 억지로 방향을 돌리려 무리하지 말고 가만히 있으면 문득 기다리던 시간이 오기도 한다. 폭풍 속에서 억지로 키를 돌리면 그만 부러져 영영 못 쓰게 된다. 풍랑이 거세면 돛을 조정하고 바람이 멎기를 기다려야 한다.

내 생각, 내 행동, 내 지침이 아무리 옳아도 상황이 좋지 않으면 목소리를 죽이고 몸을 낮춘 다음 때를 기다리는 게 현명하다. 상황을 빨리 바꿔 보겠다고 무모하게 대들면 꺾이기 쉽다. 세상은 백발백중 정의가 승리하는 만화영화가 아니다.

무언가를 변화시킬 기회를 갖고 싶다면 살아남아 있어야 한다. 환경이 바뀌어 봤자 조직 속에 없는 사람, 이미 떠난 사람에게 기회가 주어질 턱은 없다. 지금 바로 결판을 내어 이길 수 있다면 모르되, 그렇지 않다면 그저 납작 엎드려 있어라! 눈에 띄지 않고 조용히 있는 것도 괜찮은 전략이다.

19

불안 때문에 움직이면 실수한다

내버려 두라. 살자면 소용돌이에 부딪친다. 그럴 땐 안전한 항구에 머무는 것이 지혜다. 때로는 수단 없이 일을 처리하는 것도 수완이다. 대중의 소용돌이 속에 있으려면 양손을 뒤로 하고 자신을 가라앉혀라. 샘물이 흐려졌을 때 맑게 하려면 무엇을 넣을 게 아니라 내버려 둬야 한다. — 그라시안, 「세상을 보는 지혜」

사이렌 공포증이 있다. 길을 가다 사이렌 소리가 들리면 우리 집에 무슨 일이 일어난 건 아닐까 싶어 떠는 것이다. 대부분 잠깐 생각하다 말지만, 왠지 기분이 찜찜한 날엔 집에 전화해 별일 없는 걸 확인해야 직성이 풀린다. 불안해했던 일은 일어나지 않았지만, 마음이 불안했던 탓에 엉뚱한 데서 실수를 저지르곤 했다.

개인적인 이유가 있거나 성격 탓이 아니라도, 봉급쟁이는 까닭 모를 불안과 초조에 시달리는 수가 많다. 그러나 불안은 언제나 불행의 씨앗이다. 사람은 불안해지면 자꾸 여기저기 기웃거리면서 꼭 필요하지 않은 일에 참견하고 검증되지 않은 뜬소문에 가슴을 두근거리게 된다. 안 해도 될 얘기를 주위 사람들에게 하는 수도 있다.

가만히 있어도 될 일, 또는 조용히 있었으면 잘 넘어갈 일인데 자꾸 움직임으로써 주변에 자신이 초조하다는 것을 광고한다. 하지만 불안과 근심은 만질수록 커지며, 아는 것이 많아질수록 불안 또한 가중되고 확대 재생산된다. 꼭 필요한 게 아니라면 모르는 게 약이다. 모르면 편할 일을 알게 돼 불안해지고, 그러다 정말 중요한 일을 망칠 수도 있다.

'철의 여인' 이라 불린 대처 전 영국 수상의 가장 큰 장점은 반대파들에 둘러싸여도 눈썹 하나 까딱 않을 만큼 배짱이 좋았다는 것이다. 교육부 장관으로 입각한 즉시 학교의 무료 우유 급식을 중단하고 그 돈을 교사들의 수당으로 돌리자 국회와 언론이 연일 '우유 도둑' 이라며 원색적으로 비난했지만 그는 굽히지 않았다.

불안하다고 움직이는 건 어리석다. 일단 동요하기 시작하면 판단력은 줄어든다. 아무리 불안해도 평상심을 유지하는 것이 실수를 줄이는 방법이다. 불안하고 초조할 때일수록 외부로 향하는 관심의 폭을 줄이고 마음을 편하게 유지할 방법을 찾아라! 사람들과 함께 있는 시간을 줄이고 혼자 책을 읽거나 아이쇼핑을 하거나 영화나 비디오를 보다 보면 마음이 가라앉고 사안을 보다 객관적으로 판단하고 처리할 수 있다.

20

충고하지 마라. 충고는 지적이다

나는 미련한 멍청이들을 곁에 두고 싶다. 아무런 생각도 없는 녀석들을. 너무 영리한 시선으로 내 속을 꿰뚫어 보는 자는 필요없다. — 셰익스피어, 「리처드 3세」

아버지가 돌아가셨을 때 나는 젊었다. 어머니는 사회생활 경험이 없는 분이었고, 어디 한 군데 의논할 데가 없어 답답했던 내 선험 때문에 나는 곧잘 남의 일에 나섰다. 결과는 '고맙다.' 가 아니라 '잘난 체 한다.' 로 돌아왔다. 당사자가 요청하지 않은 조언은 곧 지적이라는 걸 깨닫기는 마흔이 넘어서였다.

그리스 철학자 탈레스는 말했다. "가장 쉬운 것은 남에게 충고하는 것, 가장 어려운 일은 자신을 아는 일이다."

전직 마피아 간부가 쓴 처세서 「마피아 경영학」에는 이런 말이 나온다. "주제넘게 나서지 마라. 무시당할 것이다. 부르지 않을 때 가면 환송 없이 떠나게 된다."

흔히 충고해 주는 사람이 진짜 친구라고 한다. 그러나 돌이켜 보라, 누군가에게 충고나 조언을 듣고 반가웠던 적이 있는지. 말로는 고맙다지만 사이가 점차 뜨악해지지 않았는지. 충고는 사람을 당황하게 한다. 사람들은 대부분 자신의 단점을 잘 알고 있고, 따라서 남의 충고를 들으면 치부를 들켰다는 느낌을 받는다. 결국 머리로는 고맙다고 생각해도 속으론 불쾌하고 언짢아지는 걸 어쩔 수 없다. 가까운 사람, 막역하다고 여기던 사람, 알고 지낸 기간이 긴 사람의 충고가 더 아픈 것도 그래서이다.

간혹 보면 "너 누구누구와 가깝지? 이러저러하게 충고 좀 해줘." 하고 권하는 사람이 있다. 진정으로 좋은 의도였다 하더라도 좋은 결과를 맺기 힘든데, 이런 것은 자기 손에 피를 안 묻히고 상처를 입히려는 것일 때도 많다. 멋모르고 충고나 조언을 했다가 괜찮은 동료를 잃을 수도 있다.

상대가 윗사람이라면 더더욱 금물이다. 윗사람에게 하는 조언은 백이면 백 잘난 척으로 여겨진다. 아무리 옳은 이야기일지라도 일단 권위에 대한 도전으로 받아들여진다. 윗사람이란 아랫사람이 소위 '태클'을 걸면 사안을 재검토하는 게 아니라 말 꺼낸 사람을 미워한다. 권력이 오래되면 주변에 아첨꾼만 남는 건 이 때문이다.

조직의 일원이라면 이 세상의 모든 충고와 조언이 곧 지적임을 명심해야 한다. 조직에서 쓸모가 없는 건 불행이지만 매사에 쓸모 있으려 하는 것은 더 큰 불행이다. 모든 일에 다 밝은 인물이 되지 마라! '귀한 사람'이 아니라 '귀찮은 사람'이 되고 만다.

21

돌아서서 구시렁거리지 마라

만족은 부(富)보다 낫다. —몰리에르

나는 결혼할 때 몇 가지를 결심했다. 남편이나 아이들이 남긴 밥 먹지 않기, 화나는 일 있으면 대놓고 말하기, 무슨 일이 있어도 혼자 구시렁거리지 않기. 온갖 궂은 일을 도맡아 하면서 늘 혼자말로 중얼거리던 엄마를 보고 자랐기 때문이다. '끝까지 참거나 아니면 대놓고 말하자, 구시렁거리면 나만 손해다.' 라는 건 사반세기 넘는 직장 생활에서 얻은 교훈이다.

직장 생활을 몇 년 하다 보면 자칫 왜 내겐 기회가, 정당한 보상이 주어지지 않을까 하는 생각에 사로잡힐 수 있다. 할 만큼 하는데 알아주지 않는 것 같기 때문이다. 이게 오래되다 보면 피해 의식에 사로잡혀 화난 듯 어두운 얼굴로 중얼거리거나 술자리에서 푸념을 늘어놓게 되는 수가 있다.

그러나 이처럼 바보같은 짓은 없다. 웃는 얼굴로 당당하게 요구해도 얻기 어려운데, 찌푸린 얼굴로 구시렁거리면 누가 들은 체를 할 것인가. 앞에선 아무 말 못하면서 자꾸 뒤에서 투덜거리는 사람은 환영받지 못한다. 혼잣말 같은 뒷말을 하는 것도 버릇이다. 고쳐야 한다.

깨끗이 참는 것이 좋지만, 도저히 안 되겠다 싶으면 요구 사항을 당당하게 말하는 게 차라리 낫다. "하고 싶은 말 다 하고 살았다가 어떻게 되라고?" 할지 모르지만, 뒤에서 한 말이 돌고 돌아 들어가면 결과는 더욱 나빠진다.

음지 식물형 인간, 네거티브 인간은 어디서도 환영받지 못한다. 놀 때도 마찬가지다. 남들 다 노래하는데 슬슬 꽁무니 빼 놓곤 나중에 "다들 참 잘 놀데?" 하는 건 나와 남 모두의 정신 건강에 해롭다. 잘하건 못하건 함께 노래하고 즐겨야 불필요한 질투나 자격지심에 시달리지 않게 된다.

참여해야 일체감이 생긴다. 인정받고 어딘가에 속하고 남들에게 사랑받고 싶은 건 인간의 본능이다. 누군가 자신을 인정해 줄 때만 기다리지 말고 기회가 있을 때 자신의 숨은 모습을 과감하게 드러내 보라! 사람의 능력은 마음 먹기에 따라 무한대가 될 수 있다. 암소처럼 처져 있지 말고 코뿔소가 돼라.

22

남의 약점을 들추지 마라

그 말이 모두 참이라 해도, 모든 진리를 공공연하게 말해야 하는 것은 아니다. —칸트

일선 기자 시절, 비슷한 분야에서 일하는 두 사람과 저녁 식사를 함께했다. 내가 그중 한 사람에게 좀 더 호감을 보였던 모양이다. 그가 잠시 자리를 비운 틈에 다른 한 사람이 귀띔했다. "아세요?" "뭘요?" "저 친구 결혼했다 이혼한 거요." 맙소사. 순진해 보이던 사람의 이혼 사실도 놀라웠지만, 그걸 일러바친 사람도 다시 보였다. 지금도 나는 그 인물을 좋아하지 않는다.

적도 친구도 없는 게 사회생활이다. 특히 직장 생활을 하다 보면 어제의 친구가 오늘의 경쟁자가 되고, 심지어 적이 되는 일도 잦다. 마음 깊이 친구로 여기던 사람에게 이용당했다는 사실을 알면 참기 어렵다. 이득을 보려고 내게 다가왔다는 사실을 알면 사는 게 끔찍하고, 비슷한 일을 두어 번 겪으면 사람을 불신하는 정신적 공

황 상태에 빠질 수도 있다.

그러나 경쟁 사회에서 필요에 따라 다가왔다 멀어지는 걸 비난하는 일은 어리석다. 사람이란 나이와 상황에 따라 변하는 게 정상이며, 성자가 아닌 다음에야 이익이 되는 쪽으로 움직이게 되어 있다. 그러니 혼자 분격하고 미워해 봐야 다치는 건 나뿐이다. 앞뒤 안 가리고 상대방을 공격하면 반격을 받게 된다. 특별히 중대한 이해관계가 걸려 있지 않다면 상대방의 결정적 약점을 들추는 일은 절대 금물이다.

사회생활에서 정말 해선 안 되는 일 중 하나가 원수를 만드는 일이다. 남의 콤플렉스를 건드리거나 본인이 말하지 않는 과거를 들추는 짓은 하지 말아야 한다. 어렵고 어두운 과거를 지닌 사람은 다른 사람이 그 일을 꺼내는 것을 극도로 싫어한다.

누구에게나 극복할 수 없는 약점이나 콤플렉스가 있다. 상대방의 약점을 꼬집거나 남 앞에서 들추지 말라! 상대에게 치유할 수 없는 상처를 입힐 뿐만 아니라 돌이킬 수 없는 부메랑이 돼 내게 돌아온다.

23

자기비하는 금물이다

시간이 없다. 인맥이 없다. 이 나이에. 왜 걱정거리만 생기나. 이런 것도 못하다니 나는 실패자다. 용기가 없다. 사람들이 날 화나게 한다. 습관이라 버리기 어렵다. 내가 할 수 있는 일이 아니다. 맨정신으론 살 수 없다. 가만히 있으면 중간은 간다. 난 원래 이렇게 생겨먹었다. 상황이 협조를 안 해 준다. —스티브 챈들러, 「성공을 가로막는 13가지 거짓말」

잘못된 일이 있으면 짚고 넘어가려 했다. 의견은 수용되지 않고 잘났다, 나선다는 평만 돌아왔다. 언짢은 김에 "제가 뭘 아나요~." 식으로 대답했더니 "역시 여자란……." 하고 혀를 찼다.

중요한 건 할 일과 안 할 일을 구분하는 것이다. 상사에게 야단맞거나 동료들과 의견 충돌이 생겼을 때, 아니면 부부 싸움을 할 때 흔히 취하는 태도가 있다. "그래요, 저는 뭐 원래 그런 사람이니까." 하는 식으로 자기 비하를 하는 게 그것이다. 천하에 바보같은 짓이다. 잘못을 인정하든가 의견을 말해야 한다.

세상에 '원래 그런 사람'이 어디 있는가? '귀찮다, 너 잘났다.' 하는 얘긴데, 이런 태도로 상황을 방기하려는 사람은 아무도 좋아하지 않는다.

"그래, 나 못났다."에는 "그러니 어쩔래?"가 생략돼 있다. 이는 자신의 한계를 인정한다는 것과는 전혀 다른 얘기다.

세상엔 온갖 사람이 있다. 키가 큰 사람이 있는가 하면 작은 사람도 있고, 뚱뚱한 사람이 있으면 마른 사람도 있다. 머리가 좋은 사람이 있으면 머리보다 손발을 쓰는 게 더 익숙한 사람도 있다. 잘생기고 머리 좋은 부자로 살고 싶은 건 모두의 소망이지만, 그렇지 못하다고 해도 어쩔 수 없다. 스스로 자신의 가치를 높여 가는 수밖에. 조건에 관계없이 자신의 존재를 받아들이면 "나야 본래 그런 사람인데 뭐." 하고 자신을 비하하는 말 같은 건 하지 않게 된다. 내가 나를 비하하면서 남이 아니라고 말해 주기를 바랄 수는 없다. '원래 형편없는' 사람을 누가 신경 써 주겠는가.

여자들은 특히 자긍심을 잃지 말아야 한다. 나이 스무 살엔 서른이 되면 잔치가 끝나는 줄 안다. 30대엔 마흔 넘으면 대충 끝난 거지 뭐 특별한 게 있을까 한다. 그러나 막상 40대가 되면 달라진다. 40대야말로 알 것 알고 사람을 이해할 줄도 아는 그야말로 괜찮은 나이다 싶어진다.

자신을 존중하지 않고 방기하는 것은 나락으로 떨어지는 첩경이다. 상황이 나쁠수록 마음을 열고, 터널 끝에 빛나는 하늘이 있다는 것을 믿고 자신에게 힘을 부여하라! 신은 별볼일 없는 인간을 만들 만큼 한가하지 않다.

24

쉽게 바닥을 드러내지 마라

음식점에서 주문한 요리가 안 나와 웨이터에게 재촉했을 때, 버릇이 없으면 야단치고 지배인을 불러 항의하겠지만 정중한 태도로 "금방 나옵니다." 하면 빨리 나오도록 기도하든지 혼자 저주하든지 할 도리밖에 없다. —임어당

일선 기자 시절, 미술대전 대상 수상자 인터뷰를 하러 갔다가 다른 신문사의 젊은 사진기자와 말다툼이 났다. 큰 소리가 오간 끝에 결국 사과 받고 끝났는데, 누군가 옆에서 한마디 했다. "여자가 참지 않고 무슨 소란이야?" 일의 발단이나 내가 받은 상처엔 아랑곳없이 여기자가 큰 소리를 냈다는 데만 초점을 맞춰 수군거리던 사람들을 생각하면 지금도 가슴이 서늘해진다.

불미스런 일이 터졌을 때 원인을 파악하기보다 누가 먼저 큰 소리를 냈느냐를 따지는 건 예나 지금이나 똑같다. 이런 현실에서 손해 보지 않으려면 감정을 감춰야 한다.

특정한 일이 생겼을 때도 그렇지만, 평소에도 마찬가지다. 생각을 그대로 드러내고 호불호의 감정을 표시하면 상대방이 대비하거

나 경계하게 마련이다. 껄끄러운 사람일수록 부드럽게 웃으면서 대하는 것이야말로 조직에서 장수하는 비결이다.

아무리 못마땅해도 내색하지 말고, 없는 자리에서라도 흉보지 말아야 한다. 평소 상대방에게 감정을 들키지 않았다면 결정타를 날리고도 자신은 전혀 무관한 것처럼 행동할 수도 있고, 부득이했다거나 심지어 전혀 몰랐다고 시치미를 뗄 수도 있다. 조직에서 단련된 사람들은 술자리에서도 속마음을 드러내지 않고 미운 존재일수록 단 한마디 꾸지람도 하지 않다가 어느 날 조용히 전보시키는 노회함을 보인다.

감정을 감추는 가장 좋은 방법은 단정적인 어투를 피하는 것이다. "글쎄요." 혹은 "잘 모르겠는데." 하는 식의 반응을 보이면 사람들의 경계심에서 벗어날 수 있고, 그래야 정보를 얻을 수 있다.

선명하게 말하면 뒤집거나 바꿀 수 없다. 적당히 여지를 남겨 둬야 피해 가거나 변명할 수 있다. 세상 일이란 그 어떤 것도 단순하지 않고, 사람의 생각 또한 시간이 흐르면 변한다. 상황에 따라 생각도 이해관계도 모두 달라진다. 젊은 사람들은 무슨 일이건 명쾌하게 답하는 게 도리고 정석이라고 믿는다. 나이 든 사람들도 누군가 어떤 일에 대해 분명하게 분석하고 해설하면 재미있다며 즐거워한다. 하지만 속으론 불안하게 생각하고 그 사람을 점차 멀리한다. 바닥을 드러내지 말고 말을 아껴라!

25

그만두겠다, 못해 먹겠다 하지 마라

사냥꾼의 가장 확실한 무기는 인내심이다. 폭풍을 만났을 때는 기도하되, 계속 해안을 향해 노를 저어라. —「마피아 경영학」

걸핏하면 사표를 내던 사람이 있었다. 하루 이틀 출근하지 않는 일도 다반사였다. 사표는 번번이 반려됐다. 실력 있는 사람이어서 모두 모른 체했지만, 시간이 흐르면서 다들 상처를 입기 시작했다. 어느 날 그의 사표는 전격적으로 수리됐다.

회사에 다니다 보면 속상할 때가 많다. 열심히 했는데 인정받기는커녕 실수만 지적당하면 그야말로 '뚜껑이 열린다'. 일은 대강하면서 줄 서기에만 급급하던 사람이 나를 앞질러 갈 땐 당장 때려치우고 싶어진다. 하지만 아무리 화가 나도 그만두겠다고 떠벌려선 안 된다. 처음엔 안됐다, 억울하겠다고 동정해 주던 사람들도 같은 불평이 반복되면 지겨워한다.

습관적으로 그만두겠다고 하는 사람의 속생각은 남들이 말려 줄

거라고 믿는 것이다. 그러나 속상할 때 사표 쓰고 싶지 않은 사람은 없다. 하루에도 열두 번씩 '사~표!' 하고 대문짝만 하게 써 던지면서 "잘 먹고 잘 살아 봐라!" 하고 싶지만, 그랬다가 "정말이야? 좋은 데가 있나 보지. 그럼 가야지." 할까 봐 입밖으로 나오려던 말을 삼키고 몰래 봉투를 구기는 것이다. 걸핏하면 그만두겠다고 외쳐 대는 사람은 자기 신용을 떨어뜨리는 건 물론이고 주위 사람들에게 상처를 입힌다.

그러다 보면 「늑대와 양치기 소년」의 양치기 소년처럼 될 수도 있고, 그만두지 않을 수 없는 처지에 빠질 수도 있다. "그래? 그럼 새 출발 하면 되지." 할지 모르지만 직장이라는 게 어디 그런가. 다닐 때는 여기저기서 오라는 데도 많고 같이 일하자는 사람도 많지만 막상 그만두면 '언제 봤더라?' 하는 게 현실이다.

더 좋은 곳이 아니면 뭣 때문에 위험 부담을 무릅쓰고 옮길 것인가. 미리부터 정말 그만둘 생각으로 준비를 했다면 모를까, 오기 때문에 사표를 쓰는 건 어리석다. 불편하면 현재의 직장에서 상황을 개선하려는 노력부터 하는 게 순서다.

상사와 안 맞으면 부서를 옮길 길을 찾아야 한다. 비바람이 몰아치면 불평을 할 게 아니라 비바람을 막을 궁리를 하고, 자신을 노리는 맹수와 싸울 투지를 기르고, 언젠가 거둘 날을 생각하며 씨를 뿌려라! 사람을 알고 사람 다루는 법을 연구하는 것은 언제 어디서든 조직 생활 성공 덕목 제1조다.

26

눈총도 총이다. 맞지 말고 피해라

승진의 기회가 손짓할 때 아무 계획도, 아이디어도, 야망도 없는 사람처럼 보여라. 뭔가 있는 듯하면 여기저기서 당신을 '숨어 있는 중국의 고르바초프'로 여기고 제거하려 든다. 중국 정치사는 류샤오키(유소기) 린뱌오(임호) 장칭(강청) 후야오방(호요방) 자오쯔양(조자양) 등 야망을 드러냈던 사람들의 시체로 가득하다. —BBC, 「중국 지도자의 8가지 처세술」

무슨 일이고 완벽하게 해 내려 노력했다. 그 결과 늘 '똑똑하다.' '일을 열심히 하고 잘한다.'는 평을 들었다. 그런데 알고 보니 등 뒤에선 같은 평가 앞에 '너무'라는 말이 붙어 있었다. 몇 번 승진이나 기회에서 물을 먹고 나서야 똑똑하다는 말이 칭찬이 아니라 욕인 걸 알았다.

튀면 안 된다는 조언은 중국 사회에만 해당되는 말이 아니다. 언젠가 내 자리를 차지하거나 나를 제칠 듯한 사람은 누구나 불편해한다. 윗사람이든 동료든 간에 딱 부러지게 똑똑한 사람보다는 옆에 둬도 문제 없을 듯한, 경계할 일이 없어 뵈는 '만만한' 사람을 좋아한다. 이런 사실을 깨닫는 것은 보통 직장 생활을 할 만큼 하고 난 뒤다.

눈총도 총이다. 많이 맞으면 죽는다. 조직에서 살아남고 싶으면 겉으론 78점 정도로 보이는 게 좋다. 내가 수없이 만난 전문 경영인들도 같은 말을 했다. 직장 생활 도중 탈락하는 사람을 보면 실력이 모자란 경우보다 그 반대가 많다는 것이다. 중간쯤 되는 사람이 눈총을 받는 일은 별로 없다. 매사에 빈둥거리거나 실력 없이 말만 앞세우는 사람도 미움을 받지만, 늘 적극적이고 열심인 사람이 튄다는 이유로 눈총 세례를 받는 일이 훨씬 더 많다.

눈총은 눈에 보이지 않는다. 대놓고 쏘지는 않기 때문이다. 노회한 상사들은 똑똑한 부하가 싫어도 겉으론 "○○ 씨 없으면 우리 부가 돌아가질 않지." 하는 식으로 줄곧 칭찬한다. 그래 놓고 정작 인사에선 '부서의 화합' 등을 들어서 다른 부서로 방출한다. 이런 경우 당사자는 사태의 핵심을 깨닫지 못하고 윗사람은 자신을 아끼는데 상황이 여의치 않았다고 믿기도 한다.

과시욕은 인간의 본능이다. 알면서 모르는 체, 못난 체 하기는 어렵다. 그렇더라도 되도록 과시욕을 줄여라! 그래야 적이 줄어든다. 사랑과 우정은 '내가 너보다 잘났다.' 할 때 오지 않고 '네가 나보다 낫다, 너한테 많이 배운다.' 고 할 때 비로소 다가온다.

27

상처를 숨겨라, 아프다고 징징거리지 마라

한쪽에서 미움을 받으면 다른 쪽에서도 미움을 받게 마련이다. 비극이란 자기가 처한 상황의 비극성을 인식할 때 시작되는 법이다.

— 슈테판 츠바이크, 「마젤란」

여자라서, 줄이 없어서, 수습 기자 출신이 아니어서 억울했던 적이 많았다. 승진에서 밀리고, 연수 기회를 빼앗기고……. 처음엔 그럴 때마다 줄이 없어 그렇다며 울화를 터뜨렸다. 결국 내가 줄이 있는지 없는지 모르던 사람들까지 '아, 저 사람은 빽이 없구나.' 하는 생각을 갖도록 만들었다. 당선 가능성이 있는 사람을 민다는 건 선거에만 적용되는 이야기가 아니다.

흔히 남에게 상처 주지 말라고 한다. 맞는 말이다. 남을 찌르고 자신은 무사하기를 바랄 수는 없다. 의도적으로는 물론 무심코라도 다른 사람에게 상처를 입히지 않는 게 좋다. 그러나 그보다 더 중요한 건 상처 받지 않는 일이다.

상처 받는 건 아픈 대목을 찔렸기 때문이다. 누구에게나 약점은 있다. 하지만 상처를 내보이며 아픔을 증폭시키는 건 자기 약점을 남들 앞에 드러내 광고하는 행위다. "나 상처 받았어." 하며 울고불고 하는 건 당신이 무너지기를 바라는 사람을 기쁘게 할 뿐이다.

누군가 나를 욕하고 흉봤다고 해도 직접 눈앞에서 들은 게 아니라면 무시하고 넘겨야 한다. 어떻게 보면 그만큼 비중 있는 인물이어서 표적이 되는 것이다. 내가 바꿔 놓을 수 없는 남들의 험담이나 우연한 불운 때문에 기가 꺾이지도 말아야 한다. '언젠가 내게도 보답이 있겠지. 세상 만사 새옹지마라는데.' 하고 진득이 마음을 달래는 게 상책이다.

상처 입은 짐승은 공격 대상이 된다. 그러니 받은 상처가 쓰리고 아파도 울부짖지 마라! 일단 간부가 되면 거만하다거나 이기적이라는 험담에 익숙해져야 한다. 욕 먹고 따돌림 당할 게 두려워 움츠러들 것 없다. 어떤 경우에도 자포자기에서 비롯된 냉소적 태도를 보이지 말고 묵묵히 씩씩하게 걸어가라. 그러다 보면 비난은 사라지고 독자적인 자리를 굳힐 수 있다.

발타자르 그라시안은 「세상을 보는 지혜」에서 이렇게 적었다. "아픈 손가락을 내보이지 마라. 모두가 찌를 테니까. 아프다고 하소연하지 마라. 악은 늘 약점을 노린다. 때로는 운명조차도 그대의 가장 아픈 곳을 찌르기를 좋아한다. 화를 드러내면 다른 사람의 기분만 돋울 뿐이다. 신중한 자는 결코 자기의 상처나 불행을 드러내지 않는다. 그러니 아픈 것도 기쁜 것도 드러내지 마라. 전자는 끝나도록 하기 위해, 후자는 지속되도록 하기 위해."

28

말을 아껴라. 한마디만 삼켜라

은혜 속에서 재앙은 자라나니, 모름지기 만족스러울 때 빨리 사방을 둘러보라. 실패한 뒤에 성공하나니, 일이 뜻대로 안 된다 하여 빨리 손 떼지 말라. — 채근담

모든 것을 내 손으로 얻어야 하는 삶을 살다 보니 무엇이든 그 자리에서 확인하고 결론 내고 싶어 하는 버릇이 생겼다. 불확실한 모든 것들이 지겨웠기 때문이다. 그러나 입빠른 소리엔 대가가 따랐다. 내 말에 속 시원하다며 웃던 사람들이 돌아서서 나를 위험 인물로 낙인찍었다.

총대를 메고 나선 사람을 고마워하는 일은 적다. 오히려 잘난 체 한다고 험담하는 게 보통 사람이다. 윗사람이 의견을 묻는 건 진짜 뭘 알고 싶어서라기보다 그 사람이 무슨 생각을 하는지, 경계해야 할 대상인지 아닌지 알아보려는 경우가 많다.

「생활의 발견」으로 유명한 임어당은 중국에서 신사가 되고 편안하게 살아가기 위한 요건은 인내, 무정견(무관심), 노회라는 세 가

지 기술을 익혀 두는 것이라고 말했다. 그가 말하는 '인내'란 바로 먼저 말하지 않는 기술이다. 그는 매사 진지하고 거짓말을 하지 않던 자신이 영국 유학에서 돌아온 뒤 어떻게 중국인의 생활 습성을 익혔는지를 실제 경험담으로 풀어놓는다.

"나는 과거 어느 대학에서 문학 부장이라는 직책을 맡고 있었다. 나이 든 내 상사는 이런저런 규칙을 만드는 걸 좋아했다. 그러나 수위는 방문객이 찾아왔을 때 어디로 안내해야 하는지 모르고, 기숙사 복도는 걸을 때마다 거꾸러질 것 같았다. 게다가 교내 정책, 직원 봉급, 예산 책정 모두가 노인의 생각대로 바뀌었다. 다섯 번째 예산 회의가 열렸을 때 나는 대들었다. '매주 회의를 열어도 상부의 압력 때문에 뒤바뀐다면 도대체 무슨 소용입니까?' 노인은 아무 대답도 하지 않고 그저 창밖만 내다봤다. 다음 학기에 나는 쫓겨났다."

윗사람들은 아랫사람의 지적을 참지 못한다. 그들은 그 자리에 오를 때까지 온갖 불합리와 수모를 견뎠기 때문이다. 따라서 그걸 못 참고 대드는 건 용납하기 힘들다. 주어진 상황을 바꾸려면 힘을 키우는 게 먼저다. 힘도 없으면서 나섰다가 밀려나면 아무 일도 할 수 없다.

진정한 힘은 속도를 늦추고 어디에 전력 투구할 건지 선택하는 데서 나온다. 사소한 일에 매달려 흥분하느라 능력을 발휘할 기회를 빼앗기는 건 현명하지 못하다. 곧바로 이해 관계가 얽히는 일이 아니라면 관심을 끄고 주어진 일에 집중하라! 그때 시간은 내 편이 된다.

29

싸울 때는 짧고 낮고 단호하게 말하라

"시체에 피가 없군요. 왜 그럴까요?"라고 말함으로써 왕으로 하여금 답을 찾게 했어야지. 네가 그 자리에서 답을 말하면 왕은 무조건 거부하게 돼 있어. — 영화 「훈족의 아틸라」

조직 생활을 하다 보면 윗사람 혹은 동료와 충돌할 때가 있다. 특히 윗사람이 말도 안 되는 얘기를 하면서 윽박지르면 기가 막혀 그 자리에서 치받고 싶어진다. 이럴 때일수록 일단 가만히 듣고 있다 자리를 피하라. 열이 받칠수록 마음을 충분히 식히는 게 중요하다. 밖에 나가 커피를 한잔 마시거나 옥상에 올라 심호흡을 한 뒤 돌아와 윗사람이 혼자 있을 때 자신의 의견을 짧고 분명하게 전하는 게 문제를 타개하는 방법이다.

중요한 건 이때 반드시 "부장님 의견도 훌륭하지만"을 붙여야 한다는 것이다. 윗사람은 어떤 경우에도 자신이 틀렸다는 걸 인정하고 싶어 하지 않는다. 속으론 틀렸다고 생각해도 부하 직원 앞에서 그걸 인정하는 상사는 드물다. 따라서 "부장님 의견도 좋지만"이라고 함으로써 "그래, 내 것도 맞지만 네 것이 좀 더 맞는 것 같다.”라고 말할 여지를 줘야 한다.

상사가 아닌 주변 동료가 자꾸 껄끄럽게 굴면 한판 붙어라. “도대체 왜 이러냐. 나는 너와 잘 지내고 싶다. 앞으론 이러지 않았으면 좋겠다. 계속 이러면 나도 가만히 안 있겠다.” 하는 식으로 딱 부러지게 말하라. 이때도 절대 길거나 모호하게 말하면 안 된다. 간결하고 확실하게 의사 표시를 한 뒤 태연하게 행동하라. 격앙되지 않도록 가능한 한 목소리를 낮춰라.

루소는 사람이 타인의 재앙에 대해 지니는 연민은 그 재앙의 양이 아니라 그 재앙 때문에 괴로워하는 사람에 대해 지니는 감정에 의해 좌우된다고 말했다. 내가 아무리 힘들어도 남들은 그 일이 자신과 직접적으로 관련되지 않는 한 관심 없다. 따라서 큰 소리가 나면 잘잘못에 상관없이 아랫사람 혹은 여자가 손해다. 그러므로 가능하면 작은 목소리로, 우물쭈물하지 말고, 눈을 똑바로 쳐다보고, 당당하게 말해야 한다. 주위에선 눈치 채지 못하도록.

어떤 경우에도 부딪치면 적이 생기고, 적이 생기면 생활하기 힘들어진다. 싸우지 않고 이길 수만 있다면 최선이다. 갈등이 생기면 일단 문제가 무엇인지, 내 고민과 갈등의 요소가 무엇인지 점검하라. 정말 해결할 수 없는 것인지, 사소한 감정 싸움에서 비롯된 것인지 살피고 어지간하면 잊어버려라! 인간관계의 갈등이란 생각하는 만큼 증폭된다. 문제가 있다 싶으면 직접 하든 누군가를 내세워 하든 초기에 사태의 본질을 파악해 대처하는 게 중요하다.

임어당의 수정문

1. 수난을 당하면 퇴임한다. 그러나 다른 사람들에겐 비뇨 장애 때문이라고 알린다.

2. 이길 수 있다면 방법을 배우고, 이길 수 없다면 기회를 봐 외국으로 떠나 고전을 읽는다.
그러나 패배했을 때는 "아들이 있고 모든 것에 만족하며 의무는 사라져서 몸은 가볍노라." 하며 노래 부른다.

3

사소한 차이가 승부를 가른다

사람은 눈에 보이는 것만 볼 수 있다. 머리 속이나 마음은 보이지 않는다. 신언서판(身言書判)은 옛말이 아니다. 능력껏 잘 차려입어라! 그래야 무시당하지 않는다. 옷은 결코 '그까짓 것'이 아니다. 무엇보다 시간을 잘 지켜라! 여자들은 특히 이 점을 명심하라. 사람을 만날 때는 물론 업무 완료 시간 역시 엄수하라! 부족하면 부족한 채로 끝내라! 시간을 못 지키면 완벽한 결과도 소용없다. 내용이 어떻든 시간을 못 지키면 신뢰를 잃는다.

30

습관을 바꾸면 세상이 바뀐다

습관을 바꾸면 천성이 바뀌고, 놀라운 능력으로 악마를 누를 수 있다.

— 셰익스피어, 「햄릿」

"아무도 자기 말을 들어 주지 않으면 사람은 포자(胞子)가 된다. 자신의 존재가 인정되지 않는 환경에선 스스로 담을 쳐 버린다. 어릴 때 그렇게 포자가 되면 일생 동안 그 상태에 머무를 수 있다." 의사이자 심리학자인 레이첼 리멘의 말이다.

저서 『마음을 치유하는 79가지 지혜』에서 리멘은 '포자 이론'을 통해 사람들이 왜 잘못된 습관에서 벗어나지 못하는지, 잘못된 습관에서 벗어나지 못하는 사람들이 어떻게 되는지 설명한다.

포자는 생존 전략이지 삶의 방식이 아니다. 살아남기 위해 해야 할 일은 살아가기 위해 해야 할 일과 다르다. 포자는 움틀 기회를 기다리는 상태다. 그런데 사람들은 포자가 일시적 전략임을 잊는 수가 많다. 포자에서 벗어날 기회를 노리며 계속 환경을 점검해야 하는데도 그만 습관에 갇혀 굳어 버린다.

리멘은 진정한 자신을 되찾기 위해서는 습관을 바꿔야 하며, 그러자면 사람 내면엔 양면성이 있음을 깨닫고 지금까지의 자기 모습과 다른 면을 과감하게 꺼내야 한다고 말한다. 인간은 두려움을 느끼면서도 용기를 낼 수 있고, 관대하면서도 이기적이고, 상처 받기 쉬운 한편으로 강하다. 약점은 때로 힘이고, 두려움은 용기를 계발하며, 상처는 본질을 찾는 길이 된다는 것을 깨달으면 자신을 바꿀 수 있다.

새로운 길에 들어서자면 사소한 습관부터 깨뜨려야 한다. 습관이란 게으름과 자기 기만의 결과인 수가 흔하다. 늦게 자고 늦게 일어나는 버릇, 어디나 조금씩 늦는 버릇, 평소 안 피우던 담배를 술만 마시면 손에 쥐는 버릇, 우두커니 텔레비전 앞에 앉아 있는 버릇, 난처한 일은 차일피일 미루는 버릇 등등.

졸고 있는 사이 평소 자주 가던 곳에 데려다 놓은 애마의 머리를 베었다는 김유신의 일화를 단지 옛사람의 치기로만 보기 어렵다. 습관이란 자신과의 끔찍한 싸움 없이 바꾸기 어렵기 때문이다. 변하지 않으면 죽는다는 심정으로 덤벼야 겨우 뜯어낼 수 있는 게 낡은 습관이다. 틀렸다고 생각한다면 과감히 잘라내고 다시는 돌아보지 말라! 그래야 새 길을 개척할 수 있다.

78

31

옆 사람부터 챙겨라

진실되게 사랑하라. 악을 미워하고 선한 편에 속하라. 형제간에 우애로 서로 사랑하라. 존경심을 갖고 서로 대하라. 절대 약해지지 말고 영혼을 다하여 주님을 섬기라. 즐거운 마음으로 소망하고 인내심을 갖고 고통을 참으며 항상 기도하라. ―로마서 12장 9~18절

나는 평기자에서 차장 대우가 될 때 남보다 늦었다. 당연히 승진할 줄 알았던 인사에서 물 먹은 뒤 편집국장을 찾아갔다. 그랬더니 국장은 딱 한마디 했다. "직속 상사에게 잘 하시오." 무슨 뜻인지 정확히 짚어 낼 순 없어도 대강은 짐작할 만했다.

흔히 가까운 사람은 소홀히 생각한다. 늘 옆에 있다는 생각에 편안하게 여기고, 다른 사람을 챙길 때도 그냥 넘어가는 것이다. 부모자식 사이가 그렇고 부부 사이가 그렇다. 친한 친구 사이도 마찬가지다.

직장 상사나 친구 부모에겐 격식을 갖춰 대접해야 한다고 여기면서도 막상 부모에겐 소홀히한다. "부모가 남인가. 따로 인사치레를 하고 그러게."가 이유다. 부부간에도 마찬가지다. 결혼기념일을

잊고 생일을 잊고 처음 만난 날을 기억하지 못하는 남자들이 대부분 하는 말은 이거다. "매일 보는데 선물은 무슨……. 어차피 주머닛돈이 쌈짓돈인데."

그렇지 않다. 정이란 오고 가는 것이다. 사랑하고 사랑받고 누군가 나를 정성껏 챙겨 주기를 바라는 건 세상 모든 사람들의 한결같은 소망이다. 가까운 사람, 사랑하는 사람에게 더욱 많은 배려와 애정을 기대하는 것도 당연하다. 새로 만난 사람, 평소 잘 알지 못하는 사람, 다른 부서 사람에겐 깍듯하게 대하면서 노상 만나는 사람, 같은 부서 사람, 친한 친구에겐 함부로 한다든가 무심히 지나치는 건 은연중 자기 편을 줄여 가는 길이다.

사람은 누구나 작은 일에 상처 받고 쓰라려 한다. 가깝다는 구실로 무심하게 대하거나 친구나 동료의 시간과 정력을 공짜로 쓰지 않도록 하라! 모르는 사이 관계에 금이 생길 수 있다. 기억하라! '인간은 산이 아니라 돌멩이에 걸려 넘어진다.'

32

시야를 넓게 갖고 자료를 공유하라

남의 짐을 가볍게 해 주는 사람치고 가치 없는 사람은 없다. —간디

기자들의 소지품 1호는 취재원의 연락처를 기록한 수첩이었다. 요즘엔 웬만한 전화번호는 휴대폰에 저장하면 되지만 내가 일선에서 뛰던 시절, 수첩은 무엇보다 소중한 재산이었다. 언젠가 수첩을 잃어버리는 바람에 급히 연락해야 할 사람의 전화번호를 알 만한 사람에게 물었는데, 돌아온 답은 이랬다. "글쎄, 갖고 있었는데 어디 뒀나 모르겠네." 세상에. 정이 뚝 떨어졌다.

작은 것에도 인색하게 구는 사람들이 있다. 전화번호나 이메일 주소를 알면서도 모르는 체한다든가, 나름대로 터득한 해결책이나 문제 접근 방법을 알려 주지 않고 '나는 공짜로 알아낸 줄 아냐, 너도 고생 좀 해 봐라.' 하며 골탕을 먹이는 것이다.

물론 묻는 쪽이 얄미운 경우도 많다. 정보란 주고받는 건데 내주

는 건 없이 받으려고만 하거나, 자기는 도통 움직이지 않고 남이 애써 모은 정보를 공짜로 얻어 쓰려 할 때다. 하지만 이런 때일수록 마음을 넉넉하게 먹을 필요가 있다.

자기를 지키는 것, 자기를 이겨 내는 것, 자기를 높이는 건 모두 자기에게 달렸다. 얌체 같고 이기적인 사람 때문에 약올라 하는 건 아까운 자신의 힘을 낭비하는 일이다. '저 사람이 저러니까 나도 내 것이나 열심히 챙기고 남에게 가르쳐 주지 말아야지.' 하는 것도 스스로 격을 낮추는 일에 다름 아니다.

대범한 척하느라 손해 보면 어쩌느냐고? 그렇지 않다. 사람이 사람 보는 눈은 비슷하므로 마음 씀씀이 크고 넓은 사람은 누가 인정해도 인정한다.

사람의 그릇은 자신이 만들고 결정한다. 뱀에게 가장 큰 병은 허물을 벗어야 할 시기에 벗지 못하는 것이다. 사람 역시 순간순간 자신을 둘러싼 낡은 허물을 벗어야 다음 단계로 나아갈 수 있다. 조직의 일원으로 살아가자면 설사 누가 가르쳐 주지 않고 혼자 애써서 터득한 지식이라고 하더라도 되도록 많은 이들에게 가르쳐 주고, 대신 모르는 건 적극적으로 배워 나가는 자세를 지녀라! 기왕 거들거나 도울 거라면 지나치게 생색 내지 말고 기분좋게 도와줘라. 그게 본인의 정신 건강에도 좋다.

33

이메일을 활용하라

선배를 생각하면 가끔 성성적적(惺惺寂寂)이란 말이 떠오릅니다. '성성'은 마음 심변에 별 성자입니다. 아마도 별처럼 눈 크게 뜨고 깨어 있다는 뜻이 아닐까 합니다. '적적'은 고요할 적자입니다. 불가에서 이상으로 삼는 말이니 저도 괜찮습니다. —내가 받은 이메일 중에서

나는 편지 쓰기를 어려워한다. 왠지 낯 간지럽게 여겨지기 때문이다. 기껏 써 봐도 부치기 전 읽어 보면 어딘가 가식적인 듯, 과장된 듯, 유치한 듯 생각되어 구겨 버리곤 했다. 그러면서도 연말 연초 정성스러운 인사말이 담긴 크리스마스 카드나 연하장을 받으면 고이 간직했다. 쓰기는 어렵고 받으면 흐뭇한 게 편지다.

이메일은 종이 편지 쓰기를 싫어하던 내게 편지의 위력을 가르쳐 줬다. 등산 모임의 총무를 맡고 있으면서 공지사항과 더불어 그때그때 마음을 담아 띄운 이메일에 대한 회원들의 호응은 실로 컸다. 속상한 일 때문에 어쩔 줄 모를 때 후배로부터 받은 이메일 한 통으로 가슴이 터질 듯한 분노에서 벗어난 적도 있다. 종이 편지든 이메일이든, 편지의 힘은 이처럼 놀랍다. 외로움과 희망을 섞어 쓴

편지 한 통은 절망에 빠진 누군가를 구한다.

이메일의 좋은 점은 수없이 많다. 전화와 다른 편지의 장점을 고스란히 지니면서도 우표를 붙이고 우체통을 찾아야 하는 수고 없이 즉각 보내고 전달된다는 점에서 전화와 다를 바 없고, 받지 않으면 어쩔 도리가 없는 전화와 달리 시공간의 제약도 받지 않는다. 하고 싶은 말을 마음껏 할 수도 있고, 전화로 하기엔 아무래도 쑥스럽고 민망한 얘기를 솔직하게 털어놓을 수도 있다. 전화로 하자면 주위 사람들의 눈치가 보이는 얘기도 이메일을 이용하면 부담 없이 전할 수 있다. 뿐이랴. 자고 새면 산더미처럼 쌓이는 스팸 메일 홍수 속에서 발견하는 안부 메일은 실로 반갑다.

가까운 사람끼리는 물론 업무상 만나는 사람과도 이메일을 통해 한결 인간적인 관계를 만들어 나갈 수 있다. 회식 다음 날 아침 "어제 저녁 잘 먹었습니다."라는 메일을 보낸 사람에 대한 감정은 그대로 입 싹 씻는 사람에게와는 다를 수밖에 없다.

업무상 메일을 주고받을 때 따뜻한 말 한마디, 쓸만 한 세상 정보 한 토막이라도 곁들이면 좀 더 정겨운 관계를 이끌어 낼 수 있다. 업무 메일이든 안부 메일이든 일단 받으면 가능한 한 빨리 답해야 한다. 그것만으로도 상대방의 신뢰를 얻을 수 있다.

단체로 띄운 공지 메일에 빨리 회신하는 사람을 보면 다른 일에도 믿음이 간다. 기사에 불만을 품고 항의 메일을 보낸 사람도 상세한 설명을 곁들인 답장을 보내 주면 납득하고 고마워한다. 전자편지를 잘 활용하라! 세상 사는 데 더없이 중요한 인적 네트워크를 크고 단단하게 만들 수 있다.

34

덕담을 하라

인간은 살기 위해 격려를 받아야 하는 유일한 동물이다. —니체

속상하다고 하소연할 때마다 언론계 선배가 해 준 말이 있다. "큰일 할 사람이 그런 작은 일 갖고 뭘 그래." 작은 일에 일희일비하거나 지나치게 신경 곤두세우지 말라는 것이었는데, 언제 들어도 기분이 웬만큼 풀어지고 새로운 용기가 생기곤 했다.

남이 하는 일에 대해선 100점 만점에 30점이면 일단 붙여 놓고 잔소리나 언짢은 소리를 하지 말고, 40~50점이면 칭찬해 주고, 70~80점이면 격찬해 주라고 한다.

덕담은 각박하고 삭막한 세상을 따뜻하게 만들어 준다. 편안하고 즐거운 직장 생활, 사회생활을 위해 덕담은 필수 요건이다. 충고를 해 준답시고 흠을 들춰 내 고치라고 하는 것보다 장점을 찾아 격려해 주는 편이 친근감과 신뢰감을 불러일으킨다.

"○○ 씨는 인물도 좋은 데다 영어도 잘하니 잘 나갈 거야."

"이 대리는 키도 크고 싹싹하니 누구나 좋아하지."

"최 부장님은 꼼꼼하고 자상해서 인기예요."

자상하다는 말을 들은 상사는 최소한 그 얘기를 해 준 직원에게라도 자상해지려 노력할 것이다. 싹싹하다는 칭찬을 들은 대리는 그 말을 해 준 상사나 동료에게 다감하려 애쓸 것임에 틀림없다. 남들로부터 영어를 잘한다는 소리를 들은 직원은 영어를 좀 더 잘하기 위해 남몰래 더욱 열심히 공부할 것이다.

'큰일 할 사람', '크게 될 사람'이라는 말을 들은 사람은 그것이 비록 인사치레인 줄 알아도 스스로에 대한 기대치를 높인다. 미래에 대한 기대와 희망을 지닌 사람은 작은 일에 연연하지 않고 스스로를 키우고 성장시키려 노력하게 된다.

자꾸 엇나가는 현실 때문에 절망에 빠진 사람에게 "힘 내, 괜찮아질 거야. 실력이 있잖아."라는 한마디는 천군만마보다 더 큰 지원이 될 수 있다. 분명히 옳은데도 상황 논리에 밀려 의심받고 반론에 시달려 무기력해진 사람에게 "네가 옳아. 세월을 잘못 만나서 그렇지. 달라질 거야. 참고 기다려 봐."라는 격려는 새로운 용기를 불어넣을 수 있다.

덕담은 사람을 튼튼하고 건강하게 만든다. 가짜 약이라도 명약이라고 믿고 먹으면 효과가 있다는 플라세보 효과가 바로 이런 것이다. 덕담을 하라! 당신은 믿을 만하고, 따라서 나는 당신을 믿는다는 내용이 담긴 덕담만큼 사람을 풍요롭게 만드는 것은 없다.

35

먼저 인사하고, 소리내어 인사해라

건방지게 굴면 관심을 끌지만, 공손하게 굴면 칭찬을 얻는다.

—「버피와 뱀파이어 3」

나는 근시가 심해서 안경을 끼지 않으면 1.5미터 전방의 사람도 제대로 못 알아본다. 그 때문에 먼저 인사하지 못하는 수가 많았는데, 사정을 모르는 이들에게 건방지다는 얘기를 들었다. 거꾸로 인사를 해도 받지 않아 재수 없다고 생각하던 사람이 있었는데, 알고 보니 그 사람도 시력이 나빴다. 그 이후 나는 누구를 보든지 큰 소리로 "안녕하세요." 한다.

우리나라 사람은 인사를 잘 못한다. 소리내 인사하는 건 더 못한다. 모르는 사람끼리는 물론, 아는 사람을 만나도 목례나 눈인사 정도가 고작이다. 인사성은 사람을 평가하는 중요한 잣대의 하나다. 어른은 물론 조그마한 아이들부터 인사를 잘 하느냐 안 하느냐로 점수가 매겨진다. 하물며 회사에서랴. 인사를 시원찮게 하거나 제대로 응대하지 않는 것만으로 버릇없다, 예의가 없다, 기본이 안 돼 있다, 오만하다는 평을 뒤집어쓸 수 있다. 이런 선입견은 한번 자리잡으면 깨기 어렵다.

분명히 인사했어도 받는 사람이 안 받았다 생각하면 소용없다. 눈인사나 목례가 위험한 건 그래서이다. 받는 사람이 딴 생각을 하고 있었다든지 눈이 마주치지 않고 지나가면 인사를 했는지 안 했는지 알기 어렵다. 그러니 "안녕하세요, 날씨 정말 좋죠?" "백 차장님, 오늘 넥타이 멋진데요." "오랜만에 뵙습니다." 하고 큰 소리로 인사하라. 생각에 잠겨 걸어오던 사람도 정신을 차리고 인사를 받게 된다. 일부러 말을 거는 게 쑥스러워서, 윗사람한테 소리 내서 인사하는 게 건방진 것 같아서 못 본 체 그냥 지나가거나 목례만 하다 보면 무뚝뚝하고 사람 무시하는 인물로 찍힌다.

가까운 사람에게는 말할 것도 없고 어렵고 불편하게 느껴지는 사람에게일수록 먼저 소리 내서 인사할 필요가 있다. 혹시 뜨악한 사이라면 처음 몇 번은 "어이구, 인사하면 봐줄 줄 알고." 하며 외면할지 모르지만, 계속되면 "마음 고쳐 먹었나 보지." "사람 돼 가네." 쪽으로 평가가 바뀔 수 있다. '웃는 얼굴에 침 뱉으랴.' 하는 속담은 21세기에도 여전히 유효하다. 영 어색하더라도 가끔 거울을 보며 웃는 연습도 해 보라!

36

답례는 빨리 하라

인생이라는 게임에서 승리하려면 무조건 그 게임을 사랑해야 한다.

—로버트 B. 스톤, 「내 인생에 한계는 없다」

기자 생활의 가장 큰 즐거움은 독자나 취재원으로부터 기사 좋았다, 잘 읽었다는 얘기를 듣는 것이다. 그런데 간혹 기삿거리를 제공하곤 신문에 언제 나오느냐고 독촉하던 사람이 정작 기사화된 뒤엔 묵묵부답일 때가 있다. 잘 읽었으려니 하지만, 전화나 메일로 잘 읽었다고 알려 주는 사람에 비해 아무래도 정이 덜 가는 게 사실이다.

청탁에 대한 답례는 '반드시', '빨리' 해야 한다. 표현이 서툴러서 그렇겠지만 우리 사회엔 고맙다는 말에 익숙하지 못한 사람이 너무 많다. "잘 받았다." "수고했다." "덕분에 잘 됐다." 하는 쉽고도 단순한 말들을 적절한 시기에 못하고 그냥 지나간다.

급한 김에 상대방 처지나 시간은 생각하지도 않고 좀 도와달라

매달려 놓고도 일단 문제가 해결되면 또 다른 급한 일에 매달려 깜박하거나 차일피일 미루다가 때를 놓친다. 나중에 연락해야지, 만나서 인사해야지 하다가 시간이 지나면서 잊는 것이다. 이러니 화장실에 갈 때 마음 다르고 나올 때 마음 다르다는 얘기가 나온다.

물론 큰 부탁이었다면 잊지 않고 챙겨서 답례를 할 것이다. 사소한 일들이 문제다. 회사 안에서라면 복사나 팩스 전송, 우편물 송부, 자료 찾기, 업무 관련 문의 등이 있을 수 있고, 바깥 일로는 교통이나 공연 표를 구해 달라든가 누구누구를 좀 소개시켜 달라는 일들이 있을 수 있다. 이런 일은 '그 정도야 서로 해 주는 거지.' 하는 식으로 생각하고 그냥 넘어가는 수가 많다.

그러나 작은 것도 부탁은 부탁이다. 부탁을 받은 사람은 그 일을 위해 시간과 노력을 기울여야 한다. 실은 자기가 쉽게 해결할 수 있는 일이 아닌데도 모처럼 말한 사람의 체면을 봐서, 혹은 그 정도도 못 해 줬다는 소리를 들을까 봐 무리하는 수도 있다.

서운한 마음은 큰일에서 비롯되지 않는다. 무슨 일이든 시효가 있는 법이다. 누구에게 무슨 부탁을 했든, 답례는 즉각 하라! 결과가 좋으면 좋은 대로, 잘 안 됐으면 안 된 대로 결과를 알려 주고 신경 써 줘 고맙다고 말하는 게 도리다. 특히 결과가 좋지 않을 때도 반드시 사정을 알려 줘야 오해가 생기지 않는다. "그 일, 잘 안 됐어. 바쁜데 수고해 줘서 고마워." 하고 한마디 해 주면 상대방도 사정을 알고 그 일에 대한 마음의 부담을 정리할 수 있다.

37

전화 예절에 신경 써라

총에 친절한 말 한마디를 곁들이면 많은 것을 얻어낼 수 있다.

—알 카포네

나는 목소리가 젊은 편이다. 전화 목소리는 더하다. 목소리가 예쁘다는 얘기도 많이 들었고 덕택에 전화 청탁에 능하다는 평도 받았다. 그러나 오랫동안 전화 건 사람들로부터 "기자 바꿔." 하는 식의 말을 숱하게 들었다. '어린' 여자처럼 느껴진 탓이리라. 지금도 지위 고하에 관계 없이 전화에 대고 반말지거리를 하는 사람은 경멸스럽다.

전화는 비즈니스에서 가장 기본적인 의사 소통 수단이다. 이메일이 아무리 늘었어도 직접적인 커뮤니케이션은 전화로 이뤄진다. 밝고 경쾌한 목소리, 반듯하고 예의바른 응대는 얼굴을 모르는 상대에게 호감을 갖게 한다. 거꾸로 반말조나 무례하고 몰상식한 태도는 상대방의 기분을 상하게 하는 건 물론 일까지 망친다.

전화 예절은 아무리 강조해도 지나치지 않다. 그런데도 우리 사회에선 의외로 전화 응대에 대한 기본적인 교육이나 훈련이 이뤄지지 않는다. 전화는 생면부지의 사람을 목소리만으로 만나는 일이다. 반드시 훈련이 필요하다.

무례한 통화자 유형의 첫째는 사무실에 전화해 여성이 받으면 무조건 하대하거나 반말 투로 나오는 것이다.

둘째, 소속과 이름을 밝히지 않은 채 다짜고짜 "이건 어떻게 된 거냐?" 하는 식으로 용건을 들이대는 것이다. 전화로 뭔가를 요청할 때는 어떤 경우에든 먼저 소속과 이름을 밝혀야 한다. 심지어 어디냐고 물으면 이름 대신 동네나 소속 기관의 이름만 대는 일도 잦다. "국횐데요." "시청인데요." "강남인데요." "여의돈데요."

국회가, 시청이, 여의도가 전화를 할 리 만무하다. 어디의 누구라고 말 못할 사정이 있는 건지, 구체적으로 말하지 않는 게 무게 있어 뵌다고 여기는 건지 알 수 없지만 어느 쪽이든 호감을 갖기 어렵다.

셋째, 젊은 사람이 "고마워요." "알았어요." "수고하세요." 하고 전화를 끊는 것도 어이없다. 셋 다 낯 모르는 사람이나 윗사람에게 할 수 있는 말이 아닌데도 아무 생각 없이 내뱉는 사람들이 부지기수다. "수고하세요."는 일단 금물이고, 모르는 사람에겐 "고맙습니다." "알았습니다." 하는 게 예의다.

한 가지 더. 전화를 바꿔 줄 땐 상대에게 바꿔 주겠다거나 기다리라고 한 뒤 건네주는 게 도리다. 아무 말 없이 불쑥 전화기를 넘겨주면 전화한 쪽이나 받는 쪽 모두 황당하다. 얼굴이 보이지 않을수록 예의를 갖춰라!

38

반드시 메모를 남겨라

동업자를 처음 만나면 카드를 만들어 보관하고, 신문에 동정이나 기사가 나면 스크랩해 좋은 소식이면 축하하고 안 좋은 소식이면 위로했다. — 해리 J. 하스, 미국 은행인 협회 회장

신문사 문화부에서 일하다 보면 새로 내는 책을 소개해 달라거나 전시회며 공연 소식을 다루어 달라는 부탁을 종종 받는다. 그런데 간혹 보면 책상 위에 누군가 부탁한 듯한 책이나 전시회 팸플릿이 아무 설명도 없이 덩그러니 놓여 있다. 어쩌라는 것인지 알 수 없어 그냥 넘어가면 섭섭하다고 난리다.

할 말을 직접 전할 수 없는 경우가 생긴다. 외출해야 하는데 상사가 자리에 없다거나, 전화를 대신 받았는데 알려 줘야 할 사람이 계속 자리를 비우고 있거나, 업무상 찾아갔는데 상대방이 자리에 없어 그냥 돌아와야 할 때 등등. 대부분의 사람들은 이럴 때 옆 사람에게 대신 말해 달라고 부탁한다.

그러나 자기 일이 아니면 무심하게 지나치는 게 사람이다. 꼭 기억했다 알려 줘야 한다고는 잘 생각하지 않는다. 사람이 나빠서 그런 것도 아니요, 무슨 억하심정이 있어서 그런 것도 아니다. 그저 자기 일이 아니니까 절실하지 않은 것이다. 절실하지 않으니까 잊고, 잊으니까 전하지 않는다. 게다가 전하지 않고서도 크게 미안해하지 않는다.

부탁한 측에서도 "얘기했으니 잘 알아서 했겠지." 하며 굳이 확인하지 않는 게 보통이다. 나중에 제대로 전하지 않은 걸 알게 돼도 뭐라 책임을 추궁하기 난처하다. 결국 아무 말도 듣지 못한 상사나 거래처에선 멋대로 행동했다고 생각하거나 괘씸하게 여기게 된다. 후에 사정을 알게 돼도 처음부터 얘기를 들은 것과는 다르다. 이미 언짢아진 다음이기 때문이다.

방법은 옆 사람에게 부탁하는 한편으로, 메모해서 당사자가 잘 볼 수 있는 곳에 놓아 두는 것이다. 그렇게 해 두면 혹시 부탁한 사람이 전달하지 않아도 알게 되고, 전달하면 이중의 효과를 얻게 된다. 돌아온 다음 전화로 메모를 읽었는지 확인하면 금상첨화다. 전달을 부탁받았을 때도 마찬가지다. 오면 전해야지 하고 있다가 깜빡 잊으면 메시지를 무시한 것과 똑같다.

믿지 못해서가 아니라 매사 분명하게 처리하는 게 좋다는 생각을 갖고 큰 일이든 작은 일이든 메모해 전달하는 습관을 들이도록 하라! 괜한 트러블을 줄일 수 있다.

39

과민성 대장염에 걸리지 마라

나는 해야 한다, 그러므로 나는 할 수 있다. —칸트

딸과 아들을 키운다. 아들녀석의 경우 성격이 좋고 씩씩한데도 초등학교 저학년 시절 학기초만 되면 배가 아프다며 하루 이틀 학교를 빼먹었다. 어른으로 치면 월요병인 셈이다. 저도 극복하려고 애썼는지 고학년이 되면서 괜찮더니 중학교 3학년일 때 비슷한 증세가 나타났다. 신경성 증세들은 떨쳐 버리기 힘들다.

어른도 다르지 않다. 문화부장 시절 남자 후배가 민망한 얼굴로 고백한 적이 있다. "저는 스트레스를 받으면 설사를 해요." 이름하여 '과민성 대장염' 이다. 그 이후 대한민국 남성의 상당수가 이 병 환자라는 걸 알았다. 설사의 가장 큰 원인은 술이라지만, 내가 보기엔 술보다 스트레스가 설사의 주원인이다. 기분좋게 마신 뒤엔 결코 탈이 안 난다는 게 그 증거다.

취직해 적응하는 기간, 결혼 직전, 그리고 인사철에 남성들의 과민성 대장염은 도진다. IMF 직후 회사에서 구조 조정을 담당했던 사람들 가운데는 그때부터 무슨 일만 있으면 원인 모를 알레르기로 고생한다고 털어놓는 수가 많다. 심리적인 어려움이 마음이 약해진 틈을 타 몸의 병으로 나타나는 셈이다. 여성들의 경우엔 얼굴에 뾰루지가 돋거나 생리 불순이 생겨 고생한다.

심인성 질환은 애당초 밖으로 못 나오게 해야지, 일단 삐져나오면 다음부터는 작은 스트레스나 자극에도 튀어나오게 마련이다. 집이든 옷이든 한번 문제가 생긴 곳은 고쳐 놔도 자주 터진다. 과민성 대장염이나 알레르기, 생리 불순은 대표적인 경우다.

몸의 섭생만큼 마음의 섭생도 중요하다. 이겨 내지 못하고 걸핏하면 화장실로 달려가기 시작하면 대책 없다. 정신적으로 응석을 부릴 수 있는 공간을 미리 마련해 두지 않는다면 언짢을 때마다 설사병으로 결근하게 될지 모른다.

40

안 되는 일은 안 된다고 알려 줘라

그렇다 할 것은 그렇다 하고, 아니라 할 것은 아니라 하여 죄 정함을 면하라. —야고보서

살면서 남에게 부탁을 하기도 하고 받기도 했다. 부탁한 경우 십중팔구는 된다는 연락은 빨리 받았지만 안 된다는 연락은 늦거나 못 받은 적이 흔했다. 안 되면 안 된다고 빨리 통보해 줬으면 다른 길을 찾을 수 있었을 일을 혹시나 하고 기다리다 시기를 놓친 적도 많았다. 내 경우 부탁받은 일을 처리할 수 없으면 되도록 빨리 안 되겠다고 알려 준다. 부담스럽긴 하지만 그래도 그게 상대를 위하는 길이라고 믿기 때문이다.

"예, 됩니다." 하기는 쉬워도 "안 됩니다, 곤란합니다." 하기는 어렵다. 먼저 된다고 해 놓은 일을 나중에 다시 안 된다고 하려면 몹시 민망하다.

가능할 줄 알았는데 알고 보니 그렇지 않을 때, 사실대로 말하려

면 용기가 필요하다. 많은 경우 상대방의 난감해할 표정에 용기가 안 나 그냥 아무 말 없이 차일피일 미룬다. 미루다 보면 상대가 알아서 아닌가 보다 생각하겠지 하는 것이다.

그러나 안 된다는 말이야말로 빨리 해 주어야 한다. 부탁이든 청탁이든 단순한 문의든 간에 곤란하면 곤란하다고 바로 얘기해 주는 것이 상대를 위하고 돕는 길이다. 답이 없거나 미뤄지면 안 될 줄 알려니 생각하지만, 부탁을 한 사람은 되도록 긍정적인 방향으로 생각하려는 경향이 있다. 안 되는 건가 하면서도 한 가닥 미련이 남아 혹시나 하고 기다리는 게 보통이다.

그러다 보면 다른 방법을 모색하거나 제2의 길을 찾을 기회를 놓칠 수 있다. 안 되는 일인 줄 빨리 알았으면 대안을 강구할 수도 있었는데, 불가능하다는 걸 뒤늦게야 알아 이러지도 저러지도 못하는 상태에 빠지는 것이다. 그렇게 되면 빨리 가부를 알려 주지 않은 사람을 원망하게 된다. 부정적인 대답을 차일피일 미루면 당장은 어떻게 넘어갈지 모르지만 결국엔 사람과 신뢰를 한꺼번에 잃는다. 시간을 끌지 말고 솔직하게 사정을 말하는 것이 최선의 길이다.

약속도 마찬가지다. 못 갈 것 같으면 처음부터 못 가겠다고 통보하는 게 낫다. 갈 것처럼, 참석할 것처럼 말한 뒤 아무 연락도 없이 빠지면 준비한 사람은 낭패감과 배신감을 느끼게 된다. 갑자기 사정이 생겼다면 사정이 생긴 즉시 전화하라! 그 편이 시간에 임박해 못 가겠다고 하는 것보다 훨씬 덜 괘씸하다.

41

시간을 엄수하고 회식에 참석하라

신은 우리를 채찍으로 길들이지 않고 시간으로 길들인다. 시간과 나는 또 다른 시간, 그리고 또 다른 나와 겨루고 있다. —스페인 왕 필리페 2세

공식, 비공식 모임 모두 늦은 적이 많았다. 남보다 한두 시간씩 일찍 출근하는 내가 늦는 건 주로 점심 때였다. 바빴기 때문이다. 일간 신문 문화부 일의 성격상 오전 중에 기사를 마감하다 보면 12시가 훌쩍 넘곤 했다. 그러나 '회사 일이 우선'이라는 변명은 통하지 않았다. 서울대 경영대 최고 경영자 과정에 다니면서 나는 잘나가는 남자들이 시간을 얼마나 잘 지키는지 절감했다. 모임에 기껏 일찍 간다고 가 보면 다들 미리 와 있었다.

사람에 따라 다르지만 여자들의 시간 관념은 보통 남자들보다 처진다. 이유는 간단하다. '현재 하고 있는 일이 더 중요하다.' '하던 일을 마쳐야 한다.'고 생각하기 때문이다. 그러나 시간을 지키는 건 기본이다. 시간을 잘 지키면 일단 '틀림없는 사람'이라는 평

이 붙는다. 사람에 대한 평판은 업무 능력만으로 이뤄지지 않는다.

상대방은 내 사정 따위엔 관심 없다. 자신과의 약속을 얼마나 잘 이행했는가가 중요할 뿐이다. 5분 전에 도착해 있는 태도는 신뢰도에 결정적인 영향을 미친다. 남자들과 경쟁하려면 그들만큼 시간을 지켜야 한다.

시간과 함께 여성들을 괴롭히는 것 중 하나는 술자리 중심의 회식 문화다. 안 가면 안 간다고 트집 잡고, 끝까지 남아 있으면 불편해한다. 결혼하면 일찍 들어오라는 남편 성화에 참석하기 어렵다.

그러나 영국 스털링대 벨스 교수 팀이 남자 17,000명을 대상으로 조사한 결과, 직장 사람들과 적당히 술을 마시는 사람의 수입이 그렇지 않은 사람보다 평균 17퍼센트 많았다고 한다. 술이 상호 신뢰감과 동료애를 강화시켜 직업적 성공이나 승진을 촉진하기 때문이라는 분석이었다.

회식 참석에 대한 원칙 같은 건 없다. 1차는 가고 2차에선 적당히 빠지는 게 좋지만, 경우에 따라 끝까지 따라붙어야 할 때도 있다. 1차까지만 가는 걸 원칙으로 하되 가까운 남자 한 명쯤 포섭해 2차에서 무슨 얘기가 오고갔는지 파악하는 것도 좋은 방법이다. 정보에 어두우면서 경쟁에서 이기기는 어려우니까. 여성들 대부분이 정보 수집을 소홀히하다 왕따가 된다는 걸 기억하라!

42

경조사를 챙겨라

애정이 의무감보다 훨씬 좋은 선생이다. —아인슈타인

경조사의 중요성을 깨달은 건 오래됐다. 아버지가 돌아가셨을 때 달려와 준 이들에 대한 고마움을 기억했기 때문이다. 그러나 실천은 생각에 못 미쳤다. 낮 시간의 결혼식장엔 일 때문에 바빠서 못 가기 일쑤였고, 저녁 시간의 상가 또한 들르기가 쉽지 않았다. 지방의 상가 조문은 엄두도 못 냈다. 경조금은 빠트리지 않았지만 몸이 가는 것에 비하면 효과는 미미했다.

애경사 챙기기는 결코 가볍게 여길 수 없는 대목이다. 특히 애사(哀事)가 더 그렇다. 부모 상을 당했을 때 가장 먼저 달려와 주는 사람은 평생 잊지 못한다고 하기 때문이다. 상을 당하면 누구나 놀라고 당황하게 마련인데, 이때 먼저 달려와 위로해 주고 절차를 알려 주는 것만큼 고마운 일이 없다는 것이다. 거래처 담당자가 상사를 당했을 때, 특히 장모 상이나 장인 상에 달려가 궂은 일을 맡아 하면 열에 아홉은 주문이 들어온다는 게 우리 사회 현실이다.

조직에서 평판이 좋은 사람들은 한결같이 조문에 열심이다. 언론계에서 오랫동안 괜찮은 자리를 누렸던 어떤 이는 평소 독선적인 행동에도 불구하고 아는 이들 상가엔 새벽 2~3시에라도 반드시 들렀기에 인심을 잃지 않았다고 할 정도다.

상가에 가는 목적은 단순히 상주를 위로하는 데에만 있지 않다. 상가의 다른 조문객을 살피고, 이들과 눈도장을 찍음으로써 자신이 얼마나 의리 있는(?) 사람인가를 알리는 일도 마당발 인사들이 조문에 공을 들이는 이유다. 남자들이 되도록 밤에 들르는 이유도 그와 무관하지 않다. 업무가 바쁜 탓도 있지만 낮에 가 봐야 다른 사람들과 교감을 나눌 기회가 적은 까닭이다.

여자들이 조직 생활에서 남자보다 처지는 가장 큰 대목도 경조사 챙기기다. 여자가 상가에 밤에 가는 것도 그렇고(멀리 떨어져 있는 경우는 더하다.), 남자 상주와 절을 하는 것도 쑥스러워 돈만 보내고 정작 상가엔 가지 않는 수가 많은데, 이게 결국 여자는 별 수 없다는 평판을 만든다. 물론 다른 조문객들에게 자신을 알릴 기회도 그만큼 적어진다.

문상이 우리 사회에서 '사회성'과 대인 관계 평가의 주요 척도가 된다는 사실은 부인할 수 없다. 가야 할 자리라고 생각된다면 거리에 상관없이 달려가 보라! 분명 깊은 인상을 남길 것이다.

43

모임을 활용하고, 필요한 사람과 취미를 같이하라

모든 사람은 다른 세계를 향해 열려 있는 문이다.

—멜리사 지오배그놀리, 조슬린 카터-밀러, 「인맥의 법칙」

조직 생활에서 여자들이 지니는 절체절명의 약점 중 하나는 남자와 단둘이 만나기 어렵다는 것이다. 남자들끼리는 문제가 있거나 친밀해지고 싶으면 어떻게든 기회를 만들어 코가 비뚤어지게 마시면서 흉금을 털어놓을 수 있지만 여자들은 이게 안 된다. 상사든 동료든 후배든 단둘이 만나는 건 아무래도 부담스럽기 때문이다.

한쪽이 대수롭지 않게 생각해도 상대방에서 그렇지 않으면 곤란하다. 아무 일 아니어도 남들의 입방아에 오를 수도 있다. 여자들은 이래서 남자들의 속내를 알기 힘들고 정보 파악도 어렵다. 여자들이 숫자가 늘어도 조직의 핵이 되지 못하고 구멍 뚫린 도넛처럼 외곽에 머무는 건 이런 까닭이다. 또 결정적인 순간 지지해 줄 무리가 없어 의견을 제시하거나 관철하는 데 곤란을 겪는다. 또 매사에 눈치를 보며 행동 방침을 선택해야 하는 지경에 놓인다.

이런 문제를 해결하려면 모임을 이용하는 게 최선이다. 공식적인 것이든 비공식적인 것이든 필요한 사람, 영향력 있는 사람이 들어 있는 모임을 알아내 참가하라. 누군가와 가까워지고 싶으면 자주 만나는 도리밖에 없다. 눈에 띄면 신경 써 주게 돼 있는 게 사람이다. 뿐이랴, 배경이 있다 싶으면 누가 함부로 건드리지 못한다. 동물도 무리에서 떨어져 혼자 있으면 공격 대상이 된다고 하거니와 사람도 마찬가지다.

노조, 비공식 동아리, 지연, 학연 등 동원할 수 있는 건 뭐든 다 동원하라. 일단 모임에 들었으면 그걸 최대한 활용하라. 일일이 참석할 건 없다, 시간을 너무 많이 뺏기니까. 중요한 회의나 경조사에 빠지지 않으면 된다. 기왕이면 회장이나 총무와 가까운 사이가 돼라. 집행부와 가까워야 힘이 된다. 체크리스트를 만들어 최소한 한 달에 한 번 정도 만나고, 사이사이 전화를 하는 등 관리하라!

영향력 있는 사람과 친해지자면 취미를 파악하고 따라붙어라. 골프면 골프, 등산이면 등산, 바둑이면 바둑 등 그가 좋아하는 게 뭔지 알아 열심히 연습하라. 실력이 시원찮으면 붙여 주지 않는다. 게임을 할 수 있어야 관심을 끈다. 남자들의 경우 특히 그렇다. 여자들의 경우 여자만의 모임을 만들어 이끌어라. 방법은 간단하다. 작은 일에 관심을 가져 주고 자주 연락하는 것이다. 사람은 서로 기대야 살 수 있고, 승리는 상황을 잘 이용하는 자의 것이다.

44

애정이건 우정이건 표시하라

마음에 두고 있는 것만으로 사랑을 다할 수 없고, 몸을 움직이기만 하는 것으로 공경함을 다할 수 없으며, 입으로 얘기하는 것만으로 점잖음을 다할 수 없다. —묵자

경상도 남자가 집에 와서 하는 얘기는 "내다." "아는?" "밥 도." "자자." 네 마디뿐이라는 우스갯소리가 있다. 경상도 남자뿐이랴. 우리나라 사람 대부분은 자신의 생각과 마음을 표현하지 못한다. 침묵은 금이라고 배운 데다 '꼭 말을 해야 아나, 이심전심으로 알아야지.' 하는 사고가 일반적이라서다.

그러나 마음은 눈에 안 보인다. 관심이건 우정이건 애정이건 표시해야 알 수 있다. 부모 자식 사이, 부부 사이에도 서로 무슨 생각을 하고 있는지 모르는 일이 다반사인데 남남끼리 상대의 마음을 알아서 읽기는 불가능하다. 작은 일이라도 상관없다.

"오늘 새 옷 입으셨네. 색깔도 좋고. 계절이 바뀌나 봅니다."

"○○ 씨, 그 옷 어디서 샀어? 세련된 건 알아 줘야 한다니까."

"김 대리, 이 품의서 정말 잘 썼네."

"오늘은 더 좋아 보이십니다."

"커피 한 잔 하시겠어요?"

가정에서고 회사에서고 관심의 표현을 아끼는 건 결코 '금' 이 아니다. 20년 이상 함께 산 부부라도 찬사나 애정의 말이 필요하다. 소원했던 사람들끼리 어느 날 마음을 터놓고 얘기해 보면 서로 상대방에 대해 얼마나 모르고 있는지 깜짝 놀라게 되는 수가 흔하다.

아무리 큰 사랑, 아무리 큰 관심도 표현하지 않으면 알기 어렵다. 표현되지 않는 것은 보이지 않고 보이지 않는 것은 없는 것이나 다름없다. 이심전심은 말처럼 쉬운 게 아니다.

관심을 적극적으로 표명하고, 남들도 그럴 수 있도록 도와줘라! 부탁할 게 있으면 직접 나서서 부탁하고, 좋은 감정, 고마운 마음, 미안한 생각이 있으면 있는 그대로 털어놓는 게 좋다.

표현하는 방법은 무한하다. 말 한마디, 커피 한 잔, 사탕 하나, 집에서 만든 부침 한 조각, 영화표 한 장, 책 한 권. 사랑은 작은 것이라도 나눌 때 무한대로 커진다.

45

외모를 관리하라

사람은 덕 이상으로 미를 존경한다. ―공자

평기자 시절, 사사건건 못마땅해하면서 딴지를 거는 윗사람 때문에 오랫동안 힘들었다. 이유를 알고 보니 내 옷차림 탓이었다. 외관에 꽤나 신경 썼던 그분에겐 언론인인 내가 화장도 안 하고 캐주얼 차림으로 다니는 게 싫었던 모양이다. 당시엔 황당하고 분했지만 지나고 보니 그럴 수도 있었겠다 싶다. 나 역시 이젠 남녀를 불문하고 아무렇게나 입고 다니는 게 좋아 보이지 않기 때문이다.

할리우드 영화를 보면 남자는 어김없이 양복에 넥타이까지 매고 싸운다. 여자는 대부분 벌거벗다시피 한 채 싸우고. 「미녀 삼총사」만의 얘기가 아니다. 왜? 관객들은 싸움보다 주인공의 얼굴과 몸을 더 즐기기 때문이다.

형식을 가볍게 생각하는 사람이 의외로 많다. 겉치레보다 내용이 중요하다면서, 외모에 신경 쓰는 건 머리 빈 사람들이나 하는 짓으로 여긴다. '용모 단정'이라는 말을 고깝게 여기고 아예 거부하는 사람들도 있다.

천만의 말씀이다. 입은 거지가 얻어먹는다는 말은 괜한 소리가 아니다. 외모가 선천적으로 아주 탁월하다든가, 꾸며 봐야 도저히 어쩔 수 없을 정도로 심각하다면 또 모르겠다. 아예 못생기면 외모에 신경 쓰지 않고 그냥 다녀서 평가를 거부할 수도 있다.

그러나 그저 그런 수준이라면 외관에 신경 써야 한다. 신언서판(身言書判, 외모, 말솜씨, 문장, 판단력)이라는 중국 당나라 시절 인재 선발 기준은 지금도 많은 조직에서 적용된다. 벤처 붐을 타고 한동안 국내외 기업에서 캐주얼을 허용했다 정장으로 되돌아간 것은 옷차림 문제가 단순하지 않음을 전하고도 남는다.

자신이 실제보다 너무 무겁고 더운 사람으로 보이지는 않는지, 지나치게 경망한 사람으로 비치진 않는지 점검해 보라! 외모 때문에 잘못 인식되고 있다면 그게 무슨 손해인가? 인생은 짧다. 우물쭈물하다 보면 참모습을 알릴 기회를 잃는다.

첫인상 역시 누가 뭐래도 중요하다. 내용은 눈에 보이지 않기 때문이다. 여성의 경우 바지를 입으면 걸음걸이부터 활달해진다. 정장 투피스를 입으면 자연히 점잖아진다.

자신의 실제 모습과 남의 평가가 다른 건 대개 외관 때문이다. 짙은 화장에 배꼽티를 입고 다니면 야하고 가벼운 여자로 보일 수밖에 없다.

46

자신만의 트레이드 마크를 만들어라

어떤 목수가 말했다. "사람 간에 차이는 거의 없어. 그저 조금 있는 차이가 굉장한 거지. 내겐 그게 마루와 지붕의 차이만큼 중요해."

— 헨리 제임스

음악 기자 시절 알게 된 성악가 가운데 늘 빨간 옷을 입는 이가 있었다. 체구가 자그마한 이였는데 언제나 눈에 확 띄는 새빨간 옷을 입고 나타나는 바람에 어느 모임에서건 그가 왔는지 안 왔는지 금방 알 수 있었다. 비슷한 일이 계속되자 빨간 옷이 안 보이면 다들 궁금해할 정도였다. 트레이드 마크를 만듦으로써 이미지 메이킹에 성공한 경우다.

앞머리를 내린 헤어스타일로 유명한 연극 평론가도 마찬가지다. 이마가 아니라 눈썹까지 가리고 있어 답답해 보이는데, 하도 오래 같은 스타일을 유지하는 바람에 '앞머리' 하면 그를 떠올릴 만큼 이미지를 확고히했다. 다양한 브로치로 전 세계인의 관심을 끈 올브라이트 전 미국 국무 장관도 같은 경우라고 할 수 있다.

남자고 여자고 주목받자면 눈에 띄어야 한다. 눈에 띄면 궁금증을 일으키고, 궁금증은 관심으로 이어질 수 있다. 여자는 특히 그렇다. 겉으론 반가운 척해도 혼자 사는 미인이거나 굉장한 부자가 아닌 한 남자들은 여자에게 별다른 관심을 갖지 않는다. 눈길을 끌자면 확실한 이미지나 트레이드 마크를 만들어야 한다.

트레이드 마크를 만드는 방법은 많다. 일정한 스타일의 옷이나 헤어스타일을 고집하는 것도 있고, 액세서리를 특이한 것으로 선택하는 방법도 있다. 일로 승부를 걸고 싶으면 언제든 정성껏 메모하는 모습을 보여 줄 수도 있다. 어디서건 수첩을 들고 메모하면 성실하고 열정적인 사람이라는 인상을 심는다. 이때 몽블랑 같은 고급 펜을 쓰는 것도 한 가지 방법이다.

이미지 메이킹을 위한 노력에 대해 "그까짓 것!" 하지 마라. '그까짓 것' 의 실천 여부가 인생의 승패를 결정한다. 자신만의 이미지 메이킹을 위한 방법을 찾았으면 망설이지 마라. 사는 동안 지나치면 안 되는 것 세 가지는 '이스트, 소금, 망설임' 이라는 서양 속담도 있다.

에스티 로더의 성공법칙

1. 적절한 위치를 찾아라.
2. 화가 났을 때 절대 글로 옮겨 적지 마라.
3. 꿀로 더 많은 벌을 끌어모아라.
4. 마음속에 확고한 자신의 이미지를 품어라.
5. 경쟁에서 눈길을 떼지 마라.
6. 분리시켜 통치하라.
7. '아니오' 라고 말하는 법을 익혀라.
8. 본능을 믿어라.
9. 거침없이 행동하라.
10. 실수를 인정하라.
11. 메모하는 습관을 길러라.
12. 최고의 인재를 고용하라.
13. 장애물은 부숴 버려라.
14. 신뢰가 필요한 곳에 신용을 쌓아라.
15. 훈련은 가장 강력한 판매력이다.

4 경쟁력을 키우는 길

'했더라면' 을 되뇌는 것처럼 어리석은 일은 없다. 과거는 무슨 수로도 돌이킬 수 없고, 따라서 '했더라면'에 매이면 **앞으로 나아갈 수 없다.** 세상엔 축복인 줄 알았던 일이 저주가 되거나 저주라고 생각했던 끔찍한 일이 축복이 되는 수가 흔하다. 죽을 것 같은 **상처가 힘이 되기도 한다.** 상처를 들여다보고 쥐어뜯으면 낫기는커녕 더 도진다. 과거나 실수에 매이지 말고 내일을 위해 **움직여라!** 궁리는 돈이 되지 않는다. 재미없다고, 효과가 당장 나타나지 않는다고 그만두지 마라! 땀에는 **반드시 보상이 따른다.**

47

마음의 건강을 돌아보라

행복은 완료형이 아니다. 행복은 얻는 게 아니라 일하고 땀 흘리고 목표를 추구하는 가운데 찾아오는 것이다. 행복과 성공의 핵심은 소비가 아니라 생산이다. 재능을 받은 데 대한 감사와 재발견의 과정 없이 행복이나 성공을 바랄 순 없다. —슈바이처

IMF 이후 한동안 몹시 힘들었다. 일에 모든 것을 걸고 죽도록 뛰었는데 조직의 중심에서 배제됐다 싶자 상실감과 배신감을 참기 힘들었다. 스트레스가 심해지자 갑작스레 노안이 찾아왔고, 흰머리도 하루가 다르게 늘어났다. 이대로 가면 몸이 성치 않겠구나 불안해져서야 새로 시작할 마음을 먹었다.

마음과 몸은 긴밀하게 연결돼 있다. 그래서 마음에 없는 말을 하거나 행동을 하면 몸에 특별한 증세가 나타나는 수가 있다. 재미있는 현상은, 떳떳하지 못한 줄 알면서 어떤 일을 한 뒤 통증이 오기도 하지만 통증이 온 다음 돌이켜 보면 비로소 마음에 걸리는 짓을 한 게 자각되기도 한다는 점이다.

마음의 건강은 중요하다. 누구도 완벽할 수 없다. 사람은 누구나

콤플렉스를 갖고 있고 그로 인해 고민한다. 의료 보험 조합에서 만든 「직장인의 건강 관리」라는 팸플릿에 재미있는 항목이 있다. 「마음의 건강 관리 7개조」라는 것인데 이렇다.

첫째, 시간 관리를 잘할 것. 생활 리듬을 적절히 조정하라는 말이다. 화가 난다고 밤 늦게까지 폭음을 하거나 잠을 못 자서 생활 리듬을 깨면 스트레스는 배가된다. 언짢은 일이 있으면 일찍 귀가해 책을 보거나 음악을 듣다가 자는 게 낫다.

둘째, 성격을 알맞게 살릴 것. 지나친 완벽주의는 자신과 주위 사람 모두를 비난하는 빌미가 된다. 사람은 누구나 실수할 수 있다. 어딘지 모르게 다소 모자란 듯한 사람이 인기 있는 것은 주위를 편안하게 하기 때문이다.

셋째, 기호에 골몰하거나 도박에 빠지거나 승부에 지나치게 집착하지 말 것. 현실이 못마땅하면 자신만의 기호나 도박, 작은 승부에 매달리는 경향이 있다. 고스톱이나 바둑에서 반드시 이기려 건 것은 보상 심리의 일종이다. 욕구 불만은 원인을 찾아 근본을 치료해야 한다. 원인은 제쳐 두고 도박이나 승부에 빠지는 것으로 해결하려 들면 또 다른 문제를 야기할 뿐이다.

넷째, 젊다고 뻐기지 말고 늙어서 화내지 말 것. 나이 들면 노엽고 언짢은 게 많아진다고 하지만, 노여움은 만사를 그르친다.

다섯째, 가족간에 자주 대화를 자주 나눌 것. 여섯째, 마음이 건전하지 못할 때는 몸으로 치료할 것. 일곱째, 나만이 특별하다고 생각되면 경계할 것. 골방을 나와 다른 풍경을 보는 일, 생각에 골몰하기보다 몸을 움직이는 일이 마음을 쉬게 하고 회복시킨다는 얘기다.

48 창업자처럼 거침없이 가라

사람은 영혼에 두 개의 지렛대를 갖고 있다. 하나는 영감이고 다른 하나는 두려움이다. 영감은 사람을 위로 끌어올리는 추진력이자 기중기지만, 두려움은 아래로 끌어내리는 중력이자 제동장치다. 영감이 강하면 승리를 향해 날아오르고, 두려움이 지배하면 자기 파괴를 향해 뛰어내린다. —나폴레옹 보나파르트

기자 생활을 오래 하면서 많은 최고 경영자를 만났다. 말단 사원에서 사장이 된 사람도 있고, 대교 그룹 강영중 회장처럼 혼자 창업해 굴지의 기업을 만든 오너도 있었다. 같은 CEO라도 창업자와 경영 사장 사이엔 굉장히 큰 차이점이 있었다. 창업자는 누구든 어쩌면 저럴까 싶을 만큼 단순했다.

창업자들은 '안 될 경우'에 대한 두려움을 느끼지 않는다. 적어도 두려움이나 의심 때문에 망설이지 않는다. 어떤 일이든 일단 결정하면 자신의 판단과 성공 가능성을 철석같이 믿고 탱크처럼 밀어붙인다. 이런 추진력이 주변 사람들을 믿고 따르게 만든다.

보통 사람들은 행여 실패하거나 손해볼까 하는 걱정 때문에 늘 상 궁리만 하다 만다. 긍정적인 경우보다 부정적인 경우, 최선보다

최악을 상정하는 사람은 현상을 유지할 순 있겠지만 한 계단 위로 올라설 수 없다. 변화와 상승은 모험 없이 얻어지지 않는다.

새로운 일, 불확실한 일을 두려워하는 건 인지상정이고 실패를 경험해 본 사람일수록 두려움은 크다. 그러나 용기란 '두려워하지 않는 것' 이 아니라 '두려워도 나아가는 것' 이다.

선험이 무의식에 새겨 놓은 두려움을 무릅쓸 수 있느냐 없느냐가 종국엔 큰 차이를 만든다. 두려움이 마음속에 자리잡으면 자신감을 잃고 그런 자신을 숨기려 들기 쉽다. 그러면 두려움의 대상은 더욱 더 바짝 다가와 나를 닦달한다. 안전에 대한 본능적인 집착, 변화에 대한 두려움 때문에 우리는 무수한 가능성을 쉽게 내버린다.

나이나 선험이 변화를 가로막지 않도록 용기를 가져라. 어떤 변화가 긍정적이기보다 부정적으로 작용할 확률이 높다는 생각이 들면 그것은 적신호다. 변화는 원하든 원치 않든 언제나 생기게 마련이고, 이를 거부하는 사람은 뒤처질 뿐이다.

어떤 변화가 오든지 인생은 늘 내게 유리할 것이라는 믿음이 중요하다. 자신감을 잃지 말라!

116

49

동류 집단의 압력을 이겨내라

남과 다른 것이 두렵다는 이유로 군중을 따르지 마라. 스스로 결정하고, 필요하다면 군중을 이끌기는 하되, 절대 따라가지는 마라.

—알프레드 로버트, 대처 전 영국 수상의 아버지

30대 초반, 나는 대학원에 진학하든지 전공을 바꿔 학사 편입을 하고 싶었다. 아이가 생겼고 형편도 여의치 않았지만 무엇보다 주위에서 "여자가 나이 들어서 공부한다고 궁상 떠는 게 제일 보기 싫다."고 하는 바람에 주저앉고 말았다. 결국 40대 후반에 대학원에 다녔다. 그때 학사 편입을 해 원하던 공부를 했으면 얼마나 좋았을까.

내 소망보다 남들 말에 휘둘리는 일이 많지 않은가? 중고등학교 여학생들은 볼일이 보고 싶지 않은데도 친구가 가면 화장실에 따라간다. 혼자 남겨지기 싫은 마음, 옆사람이 행여 섭섭해할까 두려운 마음이 습관으로 굳어지는 것이다.

동류 집단의 은근한 압력에서 벗어나기는 쉽지 않다. 남자든 여자든 고립이 가져다주는 소외감을 감당할 수 있는 사람은 적다. 고스톱을 좋아하지 않으면서도 판이 펼쳐지면 끼고, 술자리를 즐기지 않아도 빠지지 못한다. 별스럽다, 유난 떤다, 혼자 잘난 척한다는 말을 듣게 되면 집단에서 소외될지 모른다는 걱정 탓이다.

하지만 무리 속에 섞여 있으면서 남들보다 앞서는 건 불가능하다. 함께 있으면서 없는 사람을 흉보고 자신이 왕따가 아니라는 사실에 마음은 편할지 모르지만 개인적인 성장은 멈추고 만다. 시험공부를 남이 대신해 줄 수 없는 것처럼 경력도 남이 대신 쌓아 주지 않는다. 조직에서 문제가 생겼을 때 술 친구나 고스톱 친구였다고 거들어 주는 사람은 없다.

어울림은 중요하지만 적절해야 한다. 어디에, 그리고 어디까지 어울릴 것인지 직접 결정해야 한다. 아니다 싶으면 과감하게 빠져나올 줄도 알아야 한다.

원치 않던 술자리에 휩쓸려 들어가곤 아침에 간밤 일을 후회하는 것처럼 바보 같은 짓은 없다. 속도 쓰리고 시간도 아깝고 게다가 술값 생각마저 나면 함께 마신 사람들이 정겹기는커녕 원수처럼 느껴질 수 있다. 대학 시절 확실한 신념도 없이 친구 따라 데모했다 인생에 커다란 흠집을 낼 수 있는 것처럼, 자기 생각 없이 동류 집단의 압력에 떠밀려 우왕좌왕하면 한 번뿐인 인생을 망친다. 외로움을 견뎌라! 힘들겠지만, 사람은 외로워야 성장한다.

50

스트레스에 지지 마라

정열(passion)이라는 말은 수동(受動)을 뜻하는 라틴어 ponicn에서 유래했다. 정신 쪽에서는 수동이요, 신체 쪽에서는 능동이다. 인간의 마음속에는 신체를 능동자로 하여 야기되는 상념이 있으니 이것이 마음의 수동 곧 정념이다. — 데카르트

나는 1980년대 초에 처음 운전을 배웠다. 20대 때다. 그러나 면허를 딴 것은 마흔이 넘어서였다. 처음 면허 시험을 볼 때 기능 시험 끝 순서인 S코스 후진(당시엔 2종 보통도 S코스 후진까지 치렀다.)에 걸려 떨어졌는데, 그때의 불쾌한 기억 때문에 면허 시험장에 가기가 싫었던 것이다.

누구나 스트레스에 시달린다. 월급쟁이는 특히 그렇다. 경쟁에서 밀려나지 않을까, 엉뚱한 부서로 가라고 하면 어쩌나 전전긍긍한다. 승진은 못해도 걱정, 해도 걱정이다. 승진하면 좋긴 하지만 새로 부가되는 중압감이 만만치 않기 때문이다.

위통이나 알레르기부터 심하면 우울증까지, 스트레스가 몸으로 신호를 보내는 방법도 가지가지다. 스트레스의 특징은 피하면 피

할수록 점점 커진다는 것이다. 그렇더라도 스트레스가 신체적 병으로 전이되게 만드는 건 피해야 한다. 한번 생긴 병은 습관성이 될 확률이 높기 때문이다.

'전근 우울증'이나 '승진 불안증'은 병이 아니다. 승진이나 전보 전후의 스트레스는 새로운 환경에 적응하려는 인체의 자연스런 반응이며 아이들이 자라면서 앓는 성장통이나 지혜열과 같다. 그걸 대단하게 여기고 과잉 반응하면 점점 커져서 진짜 병이 된다.

피할 수 없는 일이라면 빨리 순응해야 한다. 변화에 적응하는 방법은 변화를 적극적으로 껴안는 것이다. 지금 이 순간이 자신에게 꼭 필요하며 보다 나은 내일을 위한 필수 과정이라고 생각하면 스트레스는 반감된다. 피하지 않고 정면으로 돌파하는 것이야말로 스트레스를 최소화하는 방법이다.

두려운 일일수록, 대면하기 싫은 사람일수록, 가기 싫은 곳일수록 빨리 해결하고, 만나고, 가라! 가지 않은 길보다 지금 이 길이, 주어진 길, 선택할 수밖에 없는 길이 가장 좋은 길이라고 생각할 때 스트레스는 큰 힘이 된다.

51

책임의 반은 내 것이라고 생각하라

여고생 100명에게 아버지가 출세 못하는 이유를 물었다. 2위부터 4위는 각각 '빽이 없어서' '가난해서' '학력이 모자라서' 였다. 1위는 '소극적이어서' 였다. —KBS TV 「사랑방 중계」

"지구를 떠나거라~."라는 개그가 유행한 적이 있다. 정말 떠나고 싶을 때가 많았다. 신문사 입사 전 경력을 제대로 인정받지 못해 한참 나이 어린 기자가 맞먹자고 들고, 경제지 문화부 기자라는 이유로 푸대접 받고, 기껏 공들여 얻으려던 자리가 엉뚱한 남자 동료에게 돌아가고, 애써 챙겨 준 후배는 내가 힘 없다 싶자 눈앞에서 돌아서고……. 그럴 때마다 허울만 보는 세상의 불공평함과 냉정함, 너무도 기막힌 남녀 차별에 울었다. 눈물이 줄어든 건 책임의 절반이 내 것이라고 생각한 뒤였다.

왜 내게만 매사 어긋나는 '머피의 법칙' 이 적용될까 싶을 때가 있다. 재수없다 생각되면 자연히 불만이 쌓이고 불평하게 된다. 속이 상해 투덜거리다 보면 동료나 윗사람 귀에 들어가고 상황은 점점 나빠진다. 불평 분자로 낙인 찍히면 제아무리 일을 잘해도 '말 많은 사람' 이라는 딱지가 붙어 기피 대상이 된다. 그렇게 정당한 대우를 못 받다 보면 진짜로 '일도 제대로 못하고 말만 많은 시원찮은 인간' 으로 전락할 수 있다.

실제로 나쁜 상황에 처할 수도 있다. 공은 전부 제 것이요 잘못은 몽땅 아랫사람 탓으로 돌리는 인간성 나쁜 상사나 이리저리 눈을 굴리는 동료를 만나 몸도 마음도 고생이 심할 수 있다. 그렇더라도 당장 상황이 호전될 기미가 없다면 심호흡을 한 다음 자신을 찬찬히 되돌아보는 게 필요하다. '나는 틀리지 않았어, 내가 뭘 잘못했는데? 사태가 이렇게 된 건 몽땅 사람을 잘못 만난 탓이야.' 하는 생각에서 벗어나 '일이 여기까지 온 원인의 일부는 내게 있지 않을까?' '도대체 문제의 근원이 뭘까. 어떻게 했으면 이런 상황을 피할 수 있었을까?' 하고 바둑의 수를 복기하듯 돌이켜 보면 억울한 기분도 덜해지고 해결책을 찾을 수도 있다.

'나는 절대적으로 옳다.' 에서 '책임의 절반은 내게 있을지 몰라.' 로 마음을 고쳐 먹는 순간 상황은 변한다. 일방적인 피해자에서 당사자의 한쪽으로 격상되는 것이다. 최소한 모든 일을 남의 탓으로 돌렸을 때보다 마음이라도 편안해진다. 억울하고 분하다는 기분이 누그러지면 받은 것, 주어진 것에 대한 고마움이 솟아날 가능성도 높다. 바뀐 태도는 주위에 곧 전해진다. 사람들만 보면 울화가 치미는 상태를 벗어나 옆 사람이나 선후배를 따뜻한 눈으로 바라보라! 상황은 생각보다 훨씬 빨리 호전된다.

52

자신을 용서하라

자기를 존중하게 되면 스스로를 용서하게 된다. 자기의 실수와 약점을 깨닫고 그것을 배움의 과정이라고 고백하고 교훈 삼으려는 마음을 먹는다. 자신을 용서하면 이웃에게도 너그러워진다.

—안네마리 트릭스너, 「행복으로 가는 13가지 방법」

크리스찬이지만 부흥회에는 좀처럼 가지 않는다. 그런데 언젠가 부득이한 일로 참석한 부흥회에서 가슴에 와 닿는 말을 들었다. “언짢은 일을 주야로 묵상하지 말라.”였다. 좋은 일, 기쁜 일만 생각해도 모자라는데 어쩌자고 기분 나쁜 일을 밤낮 되씹을 것인가? 그 뒤로 속상한 일이 있으면 잠을 못 자던 버릇을 고쳤다.

우리는 누구나 한때의 실수나 과거의 잘못에 연연한다. 겉으론 지난 일이다, 다 잊었다고 말하지만 마음속으론 잊지 못하고 자신을 증오한다. 남의 잘못을 용서해야 한다는 생각은 누구나 하지만 자신을 용서하려고는 생각하지 않는다.

그러나 자신을 용서하지 못하면서 다른 사람을 이해하고 용서한다는 것은 불가능하다. 트릭스너는 행복해지려면 무엇보다 자신의 잘못부터 용서하라고 강조한다.

"나는 나를 좋아한다, 비록 불완전하지만! 나는 내 실수를 용서한다, 지금껏 실수해 왔고 앞으로도 그러겠지만. 이전의 내 행동을 용서한다. 이웃도 용서하겠다. 나는 나를 수용하고 이웃도 수용하겠다. 나는 있는 그대로의 나를 좋아한다. 잊지 말라, 남에 대한 배려와 주의력을 자신에게도 기울여야 한다는 점을. 상대의 견해와 관념에 지나치게 의존하는 치명적 실수를 범하지 말라. 자신의 인격에 충실하라. 당신은 세상에 둘도 없는 당신 그 자체로 그 사람을 끌어당긴 것이다."

지나간 일에 매여 전전긍긍하는 시간은 스스로를 갉아먹는 시간이다. 잘나가는 사람을 비교 대상으로 정한 다음 그가 겪었을 고난은 아랑곳없이 성공만을 보고 자신의 처지를 비관하는 것은 영원히 빠져나올 수 없는 늪으로 들어가는 지름길이다.

잘못을 저지르는 자가 어리석은 게 아니라 저지른 뒤 그것을 덮을 줄 모르는 자가 어리석다. 현명한 사람은 저지른 과오를 숨기지만 멍청한 사람은 저지르기도 전에 떠벌린다. 명망이란 행동하되 조심할 때 얻어진다. 실수는 친구에게도 털어놓지 말라. 가능하면 자신에게도 감춰야 한다.

인생 길은 멀다. 털어야 할 건 빨리 털고 벌떡 일어나 걸어가야 한다. 정히 힘들면 할리우드 영화에 자주 나오는 대사를 스스로에게 하라! "네 탓이 아니야. 네가 할 수 있는 일은 없었어. 그러니 자꾸 생각하지 마. 이제 괜찮아."

53

외로움은 성장의 근원이다. 겁내지 마라

모든 고통은 행위를 불러일으킨다. — 니체

마리아 칼라스가 다른 성악가와 달리 독립적인 연기자가 된 건 뚱뚱하고 못생기고 근시에 내성적이었기 때문이다. 어려서부터 친엄마한테 구박덩이였고, 눈이 나빠 지휘봉을 볼 수 없어 악보를 외워야 했다. 덕택에 혼자 무대를 돌아다니게 된 것이다. 단점과 그로 인한 외로움을 극복함으로써 독보적인 영역을 만들어 낸 셈이다.

이런 일은 많다. 세계 역사의 큰 인물 중 상당수가 결손 가정 출신이다. 가까이엔 클린턴 전 미국 대통령이 있고 멀게는 진시황과 나폴레옹도 그렇다. 사랑은 사람을 풍성하게 만들고 따뜻함과 여유를 주지만 발전의 동력은 주지 못한다. 미칠 듯 외로울 때, 세상을 향한 복수심에 불탈 때 앞을 향해 돌진할 수 있다.

끓어 본 사람이라야 세상을 안다고 하거니와, 성공한 사람 가운

데는 일찌감치 눈물을 떨궈 본 이들이 많다. 아무도 자신의 얘기에 귀 기울여 주지 않는, 끔찍하게 외로운 상황을 겪으면 자신을 돌아보게 된다. 분함과 억울함은 더없이 좋은 약이다.

외로움이 두려워 여기저기 끌려 다니지 말라. 특히 소모적인 술자리, 고스톱 자리에 억지로 낄 것 없다. '끈'이 있어야 한다며 갖가지 모임에 쫓아다니고 폭탄주도 마신다지만, 폭탄주가 안 될 일을 되게 하는 경우는 적다.

소외감도 전적으로 나쁘지만은 않다. 살다 보면 커다란 기회를 가져다주는 사람은 평소 공들인, 근처에 있는 사람이 아닌 수가 많다. 너무 가까이 있으면 장점보다 단점이 더 잘 보이기 때문이다. 어려울 때 구명정을 던져 주는 사람은 우연히 내 장점을 본 사람, 옆에 있는 사람은 보지 못하는 나의 잠재 능력을 발견한 사람인 경우가 잦다.

그러니 어느 날 누군가의 눈에 뜨이려면 외롭고 쓸쓸한 시간을 자기 계발의 시간으로 바꿔야 한다. 괜스레 여기저기 기웃거리면서 누군가 챙겨 주기를 바라기보다 마음을 튼튼히 먹고 홀로 자신을 갈고 닦아라! 외로움을 즐길 줄 알아야만 보통 인생을 특별한 인생으로 바꿀 수 있다.

54

죽어 지내지 마라. 노래하라

슬픔은 병균보다 훨씬 빨리 사람을 죽인다. —존 스타인벡

아이들 학교에 뭔가 도움이 될 수 있을까 하는 마음으로 학부형회 임원을 맡았다. 맡고 보니 쉽게 생각할 일이 아니었다. 임원 가운데 학교 일에 이력이 난 사람이 있었는데, 자기 주장이 어찌나 강한지 대화가 힘들 지경이었다. 그런데 기이한 건 반발하는 사람만 있는 게 아니고 그런 태도를 적극성으로 받아들이는 사람도 있다는 사실이었다. 조직에는 어디나 이런 경우가 있다.

학내 폭력의 대부분은 대항할 능력이나 의지가 없는 아이들을 대상으로 한다. 조직 사회도 마찬가지다. 싸울 의지가 없고 자신을 보호할 힘이 없는 사람에게 세상은 언제나 냉혹하다.

사람은 누구나 자신을 사랑한다. 자신이 자랑스럽고 남에게 사랑과 존중을 받아 행복한 순간이 있는가 하면 어찌할 수 없는 좌절의

시간도 있게 마련이다. 차이는 그걸 내보이느냐 보이지 않느냐다.

사회생활을 하다 보면 남과 나누어야 할 감정과 비밀에 부쳐야 할 감정을 구분해야 한다는 걸 배우게 된다. 조직 속에서 승리하려면 분노, 의기소침, 냉소, 실망감은 대부분 꼭꼭 숨기는 게 좋다. 때로 실망하고 낙심한 모습을 드러내야 할 때도 있다. 주위 사람들의 우호적 감정을 불러일으키는 데 유리할 수 있기 때문이다. 그러나 그것은 어디까지나 '가끔', '잠깐 동안'에 그쳐야 한다.

누구에게나 무기력하고 만사가 귀찮을 때가 있다. 답답한 세상에 한숨을 푹푹 쉬며 '뭔가 달라졌으면 좋겠다. 희망 없는 내 인생에 쨍 하고 해 뜰 날이 올까.' 하고 생각할 때, '딱히 하고 싶은 일도, 잘할 수 있는 일도 없이 그저 이렇게 살면 안 되는데…….' 하는 자괴감에 시달릴 때 등. 그러나 생각해 보라. 하루하루를 무기력하게 보내는데 괜찮은 일이 생길 턱은 없지 않은가?

전쟁터에서 죽은 척해서 살아남는다는 식의 수법을 쓰는 사람들도 있다. 죽은 척, 과묵한 척, 모든 걸 알고 있지만 가볍게 행동하지 않겠다는 표정을 지으면서 말이다. 순간적인 위기는 이렇게 모면할 수 있다. 세상은 그러나 무기력해 보이는 사람을 비켜 간다. 사람들은 사기를 북돋우는 채널에 주파수를 맞추고 싶어 하지, 궁상맞은 채널에 주목하려 들지 않는다. 힘들고 고단해도 포기하거나 자신을 방기하지 마라! 비전을 갖고 열정적으로 움직여야 기회를 잡을 수 있다.

55

방향을 점검하고 준비하라

이 세상이 어떻다는 것은 어떻게 돼야 한다는 당위와는 별개다. 때문에 세상이 이렇다는 것보다 이렇게 돼야 한다고 생각하는 사람은 누구나 좌절을 맛보지 않을 수 없다. ―루이스 엡스타인, 「재미있는 물리 여행」 저자

선배 한 사람이 50대 후반에 대학원을 마치고 박사 과정에 진학했다. 다들 혀를 내둘렀지만, 그 선배의 노력은 곧 진가를 드러냈다. 언론사를 그만둔 뒤 일 없이 지내는 다른 사람들과 달리, 정년퇴직한 뒤 대학의 겸임 교수로 발령받았을 뿐만 아니라 각종 기관 및 위원회의 중책을 맡았던 것이다. 무모하게까지 보였던 그의 행동은 사실 내일을 위한 준비였다.

1445년 구텐베르크가 인쇄술을 발명하고 50년이 안 돼 세계의 도서관은 3만 5000개에서 1000만 개로 늘었다. 그러나 필사가로 존경받던 만여 명의 수도사들은 영원하리라 믿었던 고유의 지위를 잃었다. 베스트셀러 『누가 내 치즈를 옮겼을까』의 생쥐 우화에서도 강조하듯이, 변화는 우리 삶의 근간을 뒤흔든다.

변화를 거부하고 세상을 한탄하는 건 바보짓이다. 누구도 내 인생을 책임져 주지 않는다. 나를 지키는 건 나 자신뿐이다. 끊임없이 나를 키우고 관리해 어디서든 필요한 존재로 크는 것만이 살 길이다. 그러자면 내가 속한 사회, 내가 몸담은 조직은 물론 세계가 어떻게 달라지고 있는지에 주목하고 그에 맞춰 준비해야 한다.

준비하자면 현 위치를 정확하게 알고 나아갈 방향을 점검하는 게 먼저다. 흔히 속도에 매달려 앞뒤를 돌아보지 않는 수가 많지만 방향이 틀리면 속도는 아무 의미도 없다. 방향을 점검하고 선택해서 집중해야 내일을 준비할 수 있다. 제너럴리스트보다 전문가가 인정받는 세상이다. 게다가 무엇이든 처음이 아니면 인정받지 못한다. 맨 앞줄에 서 있으려면 방향을 정해 꾸준히 밀고 나가야 한다.

선택은 쉽지 않다. 선택하려면 가능성을 지닌 듯한 무엇인가를 끊거나 버려야 하는데 그건 누구에게도 간단하지 않다.

살다 보면 자발적인 선택이 아닌 타의에 의한 선택, 도리 없이 주어진 길에서 독자적인 영역을 확보하게 되는 일이 왕왕 있다. 선택의 폭이 넓으면 우왕좌왕하다 가야 할 길을 찾지 못한다. 최악의 상황에서도 뭔가 배울 게 있으리라는 기대감 속에 위험을 무릅쓸 때 보상은 주어진다.

생각의 속도로 변하는 세상에서 살아남으려면 꾸준히 변신을 시도하라! '같은 방향으로 나는 새는 잡기 쉽지만 방향을 바꾸는 새는 잡기 어렵다.' '도박꾼은 결코 상대방이 기대하는 패를 내놓지 않는다.' 라는 말을 기억하라.

56

역할 모델을 정하고, 포기하지 마라

폭력을 이기는 길은 폭력보다 오래 살아남는 것이다. —브레히트

'스물 전 정승, 서른 전 군수, 마흔 전 면장' 이라는 말이 있다. 나이가 들수록 목표가 낮아진다는 얘기다. 사람의 꿈은 이렇게 줄어든다. 그러나 100점을 맞으려 해야 80점이라도 맞는다는 말은 언제나 진리다. 꿈이 없으면 아무 것도 이룰 수 없다. 성공하고 승리하는 자의 특징은 포기할 줄 모르는 것이다.

목표 달성의 구체적인 실천 방법 중 하나는 역할 모델을 만드는 것이다. 자신의 꿈에 가까운 역할 모델을 정한 다음 그가 살아온 길, 생활 방식, 인간관계 등 모든 것을 살피고 모방하라. 모든 창조는 모방에서 비롯된다. 그림을 잘 그리자면 일단 임모(臨摸)와 사생(寫生)부터 배워야 한다. 임모란 그대로 베끼는 것, 사생은 스케치다. 베끼고 좀 더 잘 그리려 애쓰다 보면 실력이 늘고, 실력이 늘면

자기 생각을 넣은 그림도 그릴 수 있게 된다.

역할 모델을 따라하다 보면 성공과 실패 요인을 함께 배우게 된다. 성공한 방법은 배우고 실패 요소는 피하면 된다. 성공엔 법칙이 없어도 실패엔 확실한 룰이 있다고 하는 만큼 막을 수 있다. 역할 모델은 책 속의 사람이어도 좋고 현실의 인물이어도 좋다. 기왕이면 현실의 인물, 그것도 가까이 있는 사람이 낫다.

가능하다면 "당신이 내 역할 모델이다, 나도 당신처럼 되고 싶다. 그러니 내 멘토가 돼 주면 좋겠다."라고 요구하는 것도 괜찮다. 사람은 자기 품 안에 들어온 새를 돌보게 돼 있다. 장기 목표와 단기 목표를 세운 다음 단계별로 역할 모델을 정하는 것도 괜찮다.

무엇보다 중요한 건 포기하지 않는 것이다. 어떤 싸움이든 집념을 갖고 끈질기게 추구하는 사람이 이긴다. 목표를 달성하지 못하는 건 목표를 확실히 세우지 않았거나 중간에 포기했기 때문이다. 하늘은 스스로 돕는 자를 돕는다는 건 만고불변의 진리다. 아무리 힘들어도 끈기와 인내심을 갖고 목표를 붙잡아야 한다. 언저리에 서라도 끈질기게 버티면 언젠간 기회가 온다.

57

상황이 변할 것을 믿어라

심리적인 고통, 불안, 의기소침 등은 때로 새로운 정서적 지적 정신적 힘이 될 수도 있다. —일리야 프리고진

베트남전 당시 월맹군에게 포로로 잡힌 미군 병사들의 태도는 세 가지였다. '별일 아닐 거야. 곧 풀려나겠지?' '풀려나지 못할 거야. 난 죽게 될 거다.' '쉽지는 않겠지만 언젠가는 풀려날 것이다.' 끝까지 살아 미국으로 돌아간 건 세 번째 부류였다.

처음부터 절망한 쪽은 일찌감치 죽고, 낙관적이던 쪽은 사태가 만만치 않자 제풀에 지쳐 죽었다. 간단하지 않은 현실을 인정하되 희망을 버리지 않은 쪽만 살아남은 것이다.

위기는 기회라고 한다. '위기가 창조의 어머니는 아니더라도 최소한 후원자는 된다.'는 말도 있다. 위기의 시간은 자기 발견의 시간이다. 더 이상 과거의 방법을 계속할 수 없는 시간이자 가파른 학습 곡선으로 진입하는 시간이다.

여건이 나쁘면, 내 의지와 상관없이 생겨난 상황이 목을 조이면 누구나 분노한다. 분노는 변화에 대한 요구이자 변화를 바라는 열렬한 소망이다. 살고자 하는 의지의 표현임도 물론이다. 주의해야 할 건 분노가 낙담으로 귀결되지 않게 하는 것이다.

상황이 좋지 않을 때 견디는 가장 좋은 방법은 조만간 상황이 달라지리라는 사실을 믿는 것이다. 그러면 돌파구를 찾고, 돌파할 힘을 찾을 기력이 생긴다. 상황이 나쁘다고 절망하거나 자기 연민에 빠져 주위에 대한 비난과 질투를 일삼으면 국면이 더 악화된다. 상황이 변할 것을 믿고, 고통을 통해 과거 당연시했던 것들에 애정과 감사를 느끼고 그것을 다시 얻으려는 노력을 할 때 인생은 내게 유리한 쪽으로 돌아선다.

내 경우, 대학만 졸업하면 저절로 취직이 될 줄 알았다. 하지만 착각이었다. 줄도 빽도 없는 데다 여자였다. 서류조차 받아 주는 데가 없어 좌절한 내게 지금의 남편이 말했다. "상황은 변하는 거야. 조금만 참으면 다 잘 될 거야." 정말로 상황은 변했다. 이 말은 내 삶의 지침이다.

인생은 고인 물이 아니다. 겨울이 지나면 봄이 오듯 죽을 것 같은 날들을 견디면 살 만한 날도 온다. '지금'은 결코 오래 머물러 있지 않는다. 변화를 믿어라!

58

자꾸 뒤돌아보면 소금 기둥이 된다

자기 가치관에 따라 산다는 것이 얼마나 중요한 것인지 모든 연령대의 여성들이 깨달았으면 싶다. 다른 사람이 당신을 어떻게 생각하고 뭐라고 말하는지 연연해 끊임없이 뒤돌아보지 않으면서 말이다. 왜냐하면 당신은 궁극적으로 당신 자신과 함께 살아가야만 하기 때문이다.

— 힐러리 클린턴

시인 정현종은 「걸음걸이」라는 시에 이렇게 썼다.

"자기 자신을 알면 도대체 인생이 진행되지 않습니다."

젊은 시절 어떻게 살겠다고 한 약속에서 벗어나지 못하는 사람은 발전하기 어렵다.

한때 나는 좋은 환경에서 성장한 사람들을 '온실의 꽃'으로 여기고 은근히 무시했다. 그러나 살면서 지내 보니 내가 동병상련의 정을 느꼈던 사람보다 곱게 자라 세상 물정 모를 것 같던 사람 가운데 솔직하고 남을 위할 줄 알고 뒤도 깨끗한 사람이 많았다.

어두운 경험이 적을수록 남을 의심하는 일도 적다. 과거는 사람을 머뭇거리게 만든다. 특히 실패의 경험은 사람을 주눅들게 만들고 의욕을 꺾는다. 자신을 돌아보는 일은 필요하지만, 너무 자주 돌아보면 앞으로 나갈 수 없다.

묵은 상처를 치유하는 길은 자기 자신의 실수와 단점과 치부를 진심으로 용서하는 것이다. 남은 나와 다르고, 따라서 내 생각이 소홀히 취급될 수 있다는 점을 인정하는 것도 중요하다. 옛일을 너무 잘 기억해서 상대방(윗사람, 동료, 가족 등)의 반응을 지레짐작해 하고 싶은 말을 못하는 건 딱한 일이다. 두고두고 '그때 그렇게 말(행동)했어야 했는데.' 하고 아쉬워하다 보면 제자리에 못박혀 버린다.

조직에서 의견을 낼 때도 마찬가지다. 꼭 하고 싶은 얘기라면 바로 해야 한다. 거부되고 무시당한 지난 경험을 되살릴 것 없다. 오늘은 어제가 아니고, 그때는 거부됐지만 오늘은 받아들여질 수도 있다. 우습게 여겨질까 겁이 나더라도 심호흡을 한 뒤 솔직하고 또렷하게 전달하라! '아니면 말고'에 익숙해져 보는 건 고단한 세상의 강을 웃으며 건너는 방법 중 하나다. 누군가 어디선가 나를 지켜보고 있다고 생각하면서 늘 맑고 밝게, 씩씩 싹싹하게 지내면 된다. 간절히 원하는 건 언젠가 꼭 이뤄진다는 걸 굳게 믿어야 함도 물론이다.

일단 앞으로 나가기로 했으면 되도록 뒤돌아보지 않고 앞만 보고 가라! 자꾸 돌아보면 결국 그 자리에서 움직일 수 없는 소금 기둥이 되고 만다.

59

나이의 무게를 이겨내라

하고 싶은 일을 하기에 너무 늦은 나이는 없다. —조지 엘리어트

조직 사회에서 마흔이면 남자는 한창때, 여자는 '퇴물' 소리를 듣는다. '사오정 오륙도'란 말이 유행하기 훨씬 전부터 여자 사오정은 여기저기서 눈총을 받았다. 내 경우 술 취한 후배로부터 "선배는 이제 그만 집에서 쉬시지." 소리도 들었다. 이런 소리를 듣고도 끄떡하지 않은 건 '괴테가 파우스트를 시작한 게 40대였지.' 하고 생각했기 때문이다. 지금도 나는 아무것도 포기하지 않는다.

나이가 죄인 시대다. 평균 수명은 70세가 훨씬 넘는데 직장에서 일할 수 있는 시간은 20년이 될까 말까다. 나이가 들면 누가 뭐라고 하지 않아도 기운이 빠지고 뒷심이 딸리는데, 몸도 몸이지만 요즘엔 정신적인 압박감이 만만치 않다. 무력감에 빠진다든가, 갱년기 우울증 때문에 치료를 받는 사람도 드물지 않다.

괴테는 '서두르지 말고, 쉬지도 말고.'를 큰 원칙으로 삼았다고 하거니와, 나이가 들수록 느긋해져야 한다. 초조하면 실수할 가능성이 커진다. 물 먹거나 찍힌 사람이 상황을 만회하기 어려운 것과 같은 이치다. 내 평가가 좋지 않다는 걸 의식하면 신경이 곤두서서 오히려 일을 더 망치는 것이다.

그럴 것 없다. 어차피 생길 일이면 부들부들 떨고 있어도 생기고, 지나갈 수 있는 거면 그냥 둬도 지나간다. 50대뿐이랴, 20대엔 서른이면 잔치가 끝날 줄 알고, 30대는 마흔이 되면 어떻게 사나 막막해한다. 그러면서 늘 새로운 일에 도전하기엔 너무 늦었다고 여긴다. "5년만, 10년만 젊었더라면……." 하면서.

지나고 보면 새 일을 시작하기엔 지나치게 늙었다고 포기했던 5년 전이 얼마나 젊었던지, 그때 도전했으면 얼마나 좋았을지 절감한다. 자꾸 나이를 의식하며 '이제부터 해서 언제……?' 하는 건 노력하지 않으려는 핑계다.

다른 사람이 "그 나이에?" 하고 웃고 빈정거리는 데 신경 쓰지 말라! 나이의 무게는 스스로 느끼는 만큼 무거워지고, 인생은 아무도 대신 살아 주지 않는다.

60

무엇보다 가족이 소중하다

자신의 능력을 과대평가하지 않는 것이 행복의 원천이다.

—버트런드 러셀, 「행복의 정복」

"일에 모든 것을 바치는 실수를 반복하지 않겠다. 내 일은 순식간에 다른 사람으로 교체되며 내가 없어도 일터는 너무 쉽게 변함없이 돌아간다는 걸 알고 더 이상 일과 나를 동일시하지 않기로 결심했다." 아놀드 슈왈제네거의 부인이자 존 F. 케네디의 조카로 CBS 앵커였던 마리아 슈라이버의 고백이다.

일하는 여성에게 자기 삶을 돌아보게 만드는 이야기다. 미국 최초의 여성 국무장관이었던 매들린 올브라이트는 자서전에서 만약 남편을 되찾을 수만 있었다면 일을 포기했을 것이라고 말했다.

일과 가족을 함께 지키는 건 여자에게 실로 어려운 문제요, 끝나지 않는 도전이다. 임신과 출산에서 벗어나면 젖먹이를 어떻게 키울지 걱정이고, 교육할 때가 되면 문제는 더 심각해진다. 여성의 사회 진출이 늘어나면서 출산율이 떨어지는 건 결코 우연이 아니다. 많은 여성들, 특히 30대 여성들은 가정이 일에 방해된다고 생각한다. 남편과 아이에 빼앗기는 시간만큼 일에 투입하면 훨씬 많은 것을 성취할 수 있다고 믿는 것이다.

그러나 둘 중 하나를 선택해야 한다는 발상은 어리석다. 일하는 여성이 초조해하고 스트레스를 받는 건 둘 다 완벽하게 잘해야 하는데 그렇지 못하다는 생각 때문이다. 완벽에 매달리면 스스로 출구 없는 감옥에 갇히게 된다. 주어진 여건 속에서 최선을 다하면 된다. 그 이상 할 수 있는 일은 없다.

집안일에나 신경 쓴다는 비난이 싫어서 일부러 가족과의 유대를 챙기지 않으면 후회하게 된다. 이것은 남녀가 마찬가지다. 가족은 운명 공동체다. 이 세상 누구도 가족처럼 나와 운명을 함께할 수는 없다. 가족을 잃으면 모든 것을 잃는 것이다. 바깥의 어떤 것(사람)이 유혹해도 한눈팔지 말아야 한다.

나는 결혼 후 근 20년 동안 모든 일의 우선순위를 회사 일에 뒀다. 아이들을 사랑하고 집안일 하는 것도 좋아했지만 회사 일을 훨씬 중시했다. 남편으로부터 어떻게 당신은 오후 6시까지 없던 약속이 6시 10분에 생기느냐는 얘기를 수없이 듣고, 부장 시절엔 저녁 9시 이전에 귀가해 보지 못했다. 그러나 회사는 어느 날 내게 일선에서 비켜날 것을 요구했고, 그로 인한 정신적 공황을 견디게 해 준 건 터널을 통과하도록 말없이 도와준 내 사랑하는 가족뿐이었다.

명심하라! 가족을 잃으면서 얻어야 할 만큼 소중한 건 없다.

61

실천하고 행동하라

네 손으로 장작을 패라. 이중으로 따뜻해진다. —헨리 포드

시아버님 산소가 경기도 장흥에 있다. 결혼 후 산소에 갈 때마다 이 근처 땅을 사 두면 좋겠다 싶었지만 생각뿐이었다. 10년 뒤 장흥 땅값은 엄청나게 올랐다.

경기도 일산으로 이사한 뒤 난지도 근처를 지날 때마다 혼자 중얼거렸다. "언제고 이곳 땅이 투기 대상이 될 텐데." 지금 상암동 일대 땅값은 다락같이 올랐다. 어떤 예지력도 소용없다, 그에 따라 행동하지 않는 한.

할 수 있다는 건 아무 도움도 되지 않는다. 무슨 일이든 수확을 거두려면 실제로 '해야' 한다. 생각만 하고 행동하지 못한 인물 햄릿은 결국 노르웨이 왕자 포틴브라스에게 왕위를 내준다.

세상은 햄릿에게만 고약하지 않다. 끝없는 심사숙고는 많은 경

우 신중함이 아니라 비겁함의 산물이다.

성찰과 의지는 눈과 손의 관계와 같다. 그 어떤 지식도 용기가 뒷받침되지 않으면 열매를 맺지 못한다. 해야 할 일을 미루고 있으면 이중으로 괴롭다. 하지 않았기에 결과가 없어 괴롭고, 했어야 했다는 후회가 계속 한숨으로 남아 괴롭다.

「차라투스트라는 이렇게 말했다」에서 니체는 아무 일도 안 하면서 뒷전에서 비판만 일삼거나, 어지러운 세상에 뛰어들어 고생하는 것보다 먼발치에서 바라보는 게 낫다고 생각하는 이들을 향해 이렇게 말한다. 차라투스트라가 바보 왕국에서 가장 현명한 인물인 '광대' 에게 하는 말이다.

"그대가 고관들의 소화력을 불쌍해하는 이상으로 나는 그대가 불쌍하다. 그리고 그대보다 더 끊임없이 수치를 느끼며 유락의 베일 속에 몸을 숨겨야 하는 '진리' 가 애석하다. 그대는 영리하지만, 그대가 하는 가장 현명한 말도 공허한 광대 웃음과 광대짓이다. 그대에게 말하노니, 건설하려는 자는 먼저 파괴해야 한다. 열과 불꽃을 튀기지 않고 파괴하는 불이란 있을 수 없으며, 생명을 주지 않고 타 버리는 태양 또한 존재할 수 없다. 시민들의 깊은 잠을 방해하기 위해서라도 그대의 불길을 더 높이 올리고 더 밝은 불꽃을 피워 내라."

성공이란 재능 자체가 아니라 그것을 어떻게 얼마나 잘 개발하느냐에 달려 있다. 세계 굴지의 화장품 회사 창업자인 에스티 로더는 "난 가능한 한 신속하게 본능을 따랐다."라고 말했다. 행동하라! 모든 행운은 신중한 판단과 신속한 실천에서 나온다.

62

책 속에 길이 있다. 독서하라

책을 통해 나는 인생에 가능성이 있다는 것과, 세상에 나처럼 살고 있는 사람이 또 있다는 것을 알게 됐다. 독서는 내게 희망을 줬다. 나에게 책은 열린 문과 같았다. ―오프라 윈프리

흑인 여성으로 미국 최고의 방송인 중 한 사람이 된 오프라 윈프리는 가난한 시골 마을에서 외할머니와 살던 어린 시절 옷장에 숨어 회중전등 불빛으로 책을 읽었다고 한다. 남들이 보는 데서 읽으면 훌륭한 사람이 되려 한다는 비꼼과 놀림을 받았기 때문이다. 윈프리는 아홉 살 때부터 사촌에게 성추행당했고, 열네 살 때 조산한 아이는 곧 죽었다. 이처럼 참혹한 성장기를 겪으면서도 내일을 향한 꿈을 지켜 낸 건 오로지 책 덕분이었다고 고백한다.

어린아이 때 책을 안 읽어 주는 건 대뇌의 전두엽을 제거하는 것과 같다고 한다. 아이뿐이랴. 어른 역시 책을 읽지 않는 건 자신을 꽉 막힌 항아리에 가두는 것이나 다름없다. 제아무리 활동적인 사람도 직접경험을 통해 얻을 수 있는 건 한계가 있게 마련이다.

책은 겪지 못한 일과 가 보지 못한 세계에 대해 알려 주고 유사한 일에 부딪혔던 다른 사람들의 대응책을 알려 준다. 책은 상상력을 키워 일상의 단조로움에서 벗어나게 해 주고, 모르는 것들을 알게 해 주며, 미지에 대한 관심과 이해의 폭을 넓혀 준다.

성공한 사람들은 누구나 꾸준한 독서 습관을 갖고 있다. 베스트셀러는 물론 업무와 관련 없는 역사 소설이나 추리 소설을 탐독하기도 하고, 과학 잡지를 꾸준히 구독하기도 한다.

무엇을 어떻게 읽을 것인가는 경우에 따라 다를 수 있다. 고전을 읽으면 감동을 받고, 트렌디 소설을 읽으면 유행을 알 수 있다. 정독 여부도 자유다. 중요한 건 읽는 것이다. 그것도 열심히. 독서가 습관이 되면 필요한 것과 방법을 찾을 수 있다.

미국 사상가 에머슨의 세 가지 독서 원칙을 참고하는 것도 괜찮다. 첫째, 출판 후 적어도 1년이 지난 책이 아니면 읽지 않는다. 둘째, 널리 알려진 것이 아니면 읽지 않는다. 셋째, 좋아하는 책이 아니면 읽지 않는다.

63

취미를 가져라

모든 지각하는 존재는 살기 위해 환상이 필요하다. 욕구는 때로 훈련을 통해 강해지고, 전이를 통해 전파된다. 욕구는 성향 그 자체가 된다. 특성은 훈련에서 생겨난다. —니체

이력서에 보면 취미란이 있다. 나는 오래전부터 이곳에 '노래 부르기' 라고 써 넣었다. 실력? 노래방이 없던 시절엔 곧잘 한다는 얘기를 들었는데 노래방 솜씨는 그저 그런 듯하다. 음정은 괜찮은데 박자를 잘 못 맞춘다. 그래도 나는 기쁘거나 슬플 때 모두 노래로 이겨 냈다. 닥치는 대로 읽고, 흥얼거리는 낙이 없었다면 나는 '부모를 잘 만나지도 못했으면서 자아가 강한 여자' 가 겪어야 했던 온갖 서러움을 견디지 못했을 것이다.

누구나 힘들 때가 있다. 일이 계속 잘 안 풀리면 자신의 존재가치에 대한 회의에 빠진다. 나이가 들면 더하다. "꺾어진 칠십이 내일모렌데." "잔치가 끝나는 서른인데." "벌써 사십인데." 쥐꼬리만 한 지식은 떨어지고 새로 채워지는 건 없고. 답답하고 안타깝다.

그럴 때면 고갱처럼 어디론가 훌쩍 떠나 새로운 인생을 시작하고픈 욕망도 불쑥불쑥 든다. 술자리에선 브레이크 없는 자동차를 타고 달려가 볼까, 다 때려치우고 시골에 가서 농사라도 지을까, 캐나다나 호주로 이민이라도 갈까 궁리하지만, 아침이면 어김없이 다가와 있는 현실 앞에 꼼짝 못하는 게 보통 사람 삶이다.

현실은 언제나 우리의 꿈을 배반한다. 그러나 사람의 가장 큰 적은 어느 날 자신도 모르게 꿈을, 희망을 포기하는 것이다. "에라, 얼마나 살 거라고. 대충 하지. 죽자사자 열심히 한다고 누가 알아주나, 적당히 하지."라며 자신을 쥐고 있던 끈을 놓아 버리는 것이야말로 사람을 벼랑으로 몰고 간다.

다람쥐 쳇바퀴 돌기 같은 일상에서 기운을 잃지 않으려면 취미를 갖는 게 좋다. 학창 시절 취미란에 꼬박꼬박 '독서' 라고 써 넣던 사람들도 졸업 후엔 책과 담을 쌓는다. 말로는 '건강, 건강' 하면서 막상 규칙적인 운동을 하는 월급쟁이는 3퍼센트밖에 안 된다는 조사 결과도 있다.

취미는 '기다림과 설렘' 이라는, 오래전에 잃어버렸던 마음을 가져다준다. 두근거림이 있는 생활은 일상에 찌든 월급쟁이에게 생기를 불어넣을 수 있다.

일은 중요하지만 일에만 매달려 자신을 잃어버리는 삶은 '살아가기' 가 아니라 '살아남기' 에 불과한 것이다. 살아남는 일에 붙들려 전전긍긍하지 말라! 오늘은 결코 다시 오지 않는다.

64

꾸준히 운동하라

열병이 생기면 초기엔 병명을 몰라도 치료하기 쉽고, 시간이 지나면 병명은 알아도 치료하기 어렵다. 통치에 있어서도 마찬가지다. —마키아벨리

가깝게 지내는 사람에 중학교 선생님이 있다. 40대 중반인데 뱃살이 하나도 없다. 함께 산에 가면 남들이 헉헉 댈 때 허리에 손을 얹고 산책하듯 가뿐가뿐 오른다. "언제부터인가 홀로 설 수 있어야겠다고 생각했어요. 내가 독자적인 존재가 돼야 남편도 부담스럽지 않을 거 아녜요? 그러자면 우선 튼튼해야겠다 생각해서 등산과 헬스를 열심히 했지요." 그이가 하는 말이다.

나이가 들면 특히 육체적인 건강 상태가 자신감을 좌우한다. 몸이 아프면 아무래도 마음이 약해지고 의욕도 줄어든다. 운동은 근육을 키우고 근육은 건강을, 건강은 자신에 대한 믿음을 키운다. 같은 나이의 사람을 만나도 건강하고 혈색이 좋으면 뭔가 해낼 수 있을 것 같고, 그렇지 않고 어딘가 병약해 보이거나 기운 없어 보

이면 아무래도 걱정이 앞선다.

운동의 중요성을 모르는 사람은 없다. 문제는 실천이다. 건강에 이상 징후를 느끼기 시작한 뒤에야 운동을 시작하는 수가 많다. 그러나 지나간 시간이 다시 돌아올 수 없듯 우리 몸도 한번 삐끗하면 원상태로 돌이키기 어렵다. 꾸준히 운동하면 노화를 멈추진 못해도 지연시킬 수는 있다고 한다. 돈이 드는 운동만 운동은 아니다. 등산으로 다리 힘과 심폐 기능을 강하게 해 놓으면 신체 연령을 실제 나이보다 5년 10년 젊게 유지할 수 있다.

평소 꾸준한 운동으로 몸을 다져 놓으면 일이 다소 안 풀리고 스트레스가 심해도 웬만큼 견딜 수 있다. 똑같이 직장을 잃어도 건강한 사람은 어떻게든 다시 시작할 수 있지만 허약한 사람은 갑작스러운 질병에 노출될 확률이 높다.

남녀를 불문하고 사람은 10년에 한 번쯤은 기운이 꺾인다. 예로부터 '아홉수' 운운하는 것은 어쩌면 지나간 10년을 마무리하고 새로운 10년을 맞자면 상당한 에너지가 필요한데 대개 그렇지 못해 지치고 힘들기 때문인지도 모른다. 아홉수를 잘 넘기면 새 운이 트인다고 하는 것도 비슷한 맥락으로 풀이할 수 있을 것이다.

'서른, 잔치는 끝났다.'는 20대의 오만이다. 40대와 50대는 물론 그 이후에도 얼마든지 배우고 발전하고 새로운 일에 도전할 수 있다. 그러자면 게으름과 부주의로 몸을 망가뜨리는 것만큼 바보 같은 짓은 없다. 내 몸은 내가 관리한다는 생각을 갖고 운동을 생활화하라! 튼튼하면 무슨 일이라도 할 수 있다.

65

기도하라

하나님께서 관심을 갖도록 늘 기도해야 한다. 하나님께서 만일 고개를 돌리면 우리는 가을에 떨어지는 낙엽처럼 시들어 말라 죽게 될지 모른다. 하나님은 지구처럼 우리를 당신께 붙들어 두신다, 마치 중력처럼.

— 레이첼 나오미 리멘, 「마음을 치유하는 79가지 지혜」

나일론 신자이긴 해도 크리스찬임을 다행스럽게 생각하는 건 기도의 힘을 믿기 때문이다. 대학 시절 다음 학기 등록금을 마련할 길이 없어 막막했던 때, 대책 없이 사표를 던지고 새 직장을 못 구해 절망했을 때, 새 집 계약부터 덜컥 하고 살던 집이 팔릴 기미가 안 보였을 때, 그밖에도 수많은 암초에 부딪혔을 때 하나님은 내 기도를 들어 주셨다.

카뮈의 소설 「페스트」엔 전염병으로 폐쇄된 도시에서 날마다 사람이 죽어 나가는 끔찍한 상황에서도 희망을 갖고 자기 일에 최선을 다하는 사람들이 나온다. 끝없이 계속되는 페스트와의 싸움에서 잠깐 헤어 나와 걸으면서, 타루는 의사 리외에게 이렇게 말한다. "아무것도 사랑하지 않게 된다면 투쟁은 해서 무엇하겠어요."

코믹 배우 짐 캐리가 일주일 동안 하나님의 권한을 부여받고 벌이는 해프닝을 그린 영화 「브루스 올마이티」에서 주인공을 일상에 감사하는 평범한 사람으로 돌려놓는 것은 하나님이 아니라 애인 그레이스의 기도다. 이별을 선언했던 애인이 헤어진 뒤에도 그가 제자리로 돌아와 주기를 간절히 기도하는 것을 본 다음 브루스는 신이기를 포기하고 성실한 청년으로 돌아온다.

사노라면 막막할 때가 많다. 세상에 던져졌으니 할 수 없이 살아야 한다는 일이 진절머리 나는 것이다. 그런 생각에 사로잡히면 모든 일이 시들하고 암울해진다. 그러나 어쩔 수 없이 사는 삶처럼 형편없는 건 없다. 아무리 힘들고 고단해도 오늘보다 내일이 나아질 것을, 내 노력이 누군가의 기쁨이 될 것을 믿는 게 필요하다.

기도는 막막한 현실, 끝이 보이지 않는 터널에서 푸른 하늘을 생각하게 해 준다. 기도는 간절히 원하는 건 이뤄질 것이라는 믿음을 갖게 하고, 그럼으로써 절망 속에서 다시 일어서게 만든다. 누군가 자신을 위해 기도한다는 걸 아는 사람은 결코 낭떠러지로 몸을 던지거나 늪 속으로 걸어 들어가지 않는다.

기도는 집착에서 생기는 두려움에서 벗어나게 한다. 기도하면서 우리는 세상이 아닌 자신을 변화시킨다. 기도는 번번히 자신의 기대를 배반하는 세상에서 입은 쓰라린 아픔을 치유하고 불가능한 일을 가능하게 한다.

세상을 바꾸려면 먼저 자신이 바뀌어야 하는데, 기도는 자신이 어떻게 바뀌어야 할지 깨닫게 한다. 의심 없이 기도하라! 간절한 기도는 틀림없이 기적을 낳는다.

영국 왕 조지 5세의 행동규범

1. 게임의 규칙에 순종할 것.

2. 찬탄할 정서와 경멸할 감상을 구분할 것.

3. 값싼 칭찬은 하지 말고 받지도 말 것.

4. 수난을 당하면 묵묵히 따르고 순응하는 동물을 닮을 것.

5. 이길 수 없다면 떳떳한 패자가 될 것.

6. 달에게 하소연하지 말고, 쏟아진 우유를 아까워하지 않을 것.

5

특히 여자들에게 필요한 처방

공주와 여왕은 다르다. 공주에게 세상을 맡기는 조직은 없다. 여왕이 되려면 위엄있게 굴어라! 누구에게나 친절하게 굴되 일정한 거리를 둬라. 무슨 일이든 혼자 다하려 들지 마라. 세상 누구도 혼자 모든 일을 할 수는 없다. 집에서건 조직에서건 웃으면서 일을 분담시켜라! 슈퍼맘 신드롬에 시달리지 말고, 기르던 토끼에게 친구들 이름을 붙여 친구들이 대신 돌보게 했다는 카네기의 일화를 명심해야 한다. 또 하나. 남자들은 누구나 왕 대접을 받고 싶어한다. 작은 일이라도 그저 치켜세워라! 내 편이 생긴다.

66

현실을 보라. 신데렐라는 없다

그저 살아남으려 했다. 우리 이웃은 우리가 죽기를 바랐다. 타협의 여지가 없었다. 내겐 배수진이라는 비밀 무기가 있었다. 뜻을 세우면 그건 더 이상 꿈이 아니다. —골다 메이어

나도 신데렐라를 꿈꿨다. 특별한 미인은 아니지만 건강한 심신을 가진 만큼 어느 날 누군가 홀연히 나타나 벌판에 서 있는 나를 계단 맨 위로 끌어올려 줄지도 모른다는 상상을 하곤 했다. 그러나 그런 일은 일어나지 않았다. 살아남는 길은 꿈에서 깨어나 현실을 보되, 과거의 고통에 갇히지 않고 앞으로 나아가는 것뿐이었다.

수많은 여성들이 신데렐라를 꿈꾼다. 텔레비전 드라마와 영화가 끝없이 신데렐라를 양산하고 있는 것도 그런 희망 때문일 것이다. 그러나 일하는 여성의 세계에 신데렐라는 없다.

신데렐라는커녕, 남성보다 두세 배 더 열심히 일해도 살아남을까 말까 한 게 조직의 세계다. 6급 공무원으로 시작해 노동부 차관까지 올랐던 김송자 씨의 고백은 현실 보고서다.

"첫 출근하던 날부터 공무원 사회의 편견을 절감했다. 6급 주사로 원칙상 계장 아래 주사보 위에 자리가 배치돼야 하는데도 주사보 아래 책상이 놓였다. 직급이야 어떻든 여자가 남자 윗자리에 앉는 꼴은 볼 수 없다는 관행 때문이었다. 2~3년이면 승진될 자리를 5년씩 걸려 올라갔다. 1급 승진이 좌절됐을 때 차관 앞에서 울면서 말했다. '제가 남자보다 못한 게 뭐가 있습니까. 저는 오줌도 서서 눕니다!' 그리고 피를 토하는 심정으로 애원했다. '1급을 딱 3개월만 시켜 주십시오. 전 자리에 욕심 없습니다. 여자도 1급이 될 수 있다는, 그 길만 터놓고 싶습니다.'"

미국 여성 운동의 대모로 불리는 글로리아 스타이넘은 일찍이 여자는 남자와 달리 나이 들수록 급진적이 된다며 이는 젊은 여성들이 임노동에서의 불평등이나 양육 부담을 제대로 겪지 않고 나이 들면 남녀가 달리 평가된다는 걸 모르는 탓이라고 설명했다.

지금도 젊은 여성 대다수는 나이 든 여자 선배와 자신은 다르다고 여긴다. 선배가 초라해진 건 무능했거나 성적 매력이 없었거나 별스러웠기 때문이라는, 남성들이 만들어 낸 편견을 그대로 믿는 것이다. 자신은 남성들과 잘 지내고 그들을 지배하면서 우뚝 설 수 있을 것이라고도 생각한다. 그러나 그건 옷을 적시지 않고 물속을 걸을 수 있으리라는 기대처럼 비현실적이다.

세상은 아직도 머리카락 길이로 능력을 판단한다. 남보다 앞서 가려면 남자들의 게임에 익숙해지고, 무던히 참되 용감해져야 한다. 조직의 남성들을 바꾸려 하기보다 제압하려 하는 것도 필요하다. 영화 「황산벌」에서 김유신이 하는 말을 가슴 깊이 새겨라. "강한 자가 살아남는 게 아니라 살아남은 자가 강한 것이다."

67

평등과 이기를 구분하라

전쟁은 모든 것의 아버지이며 모든 것의 왕이다. 그것은 어떤 사람은 신으로 만들고, 어떤 사람은 사람으로 만든다. 전쟁은 어떤 사람은 노예로 만들고, 어떤 사람은 자유인으로 만든다. —헤라클레이토스

신문사에 다니면서 애 둘을 낳았다. 입덧이 심해 첫아이 때는 하루 20번씩 토했지만 쉬기는커녕 누가 눈치 챌까 조심했다. 두 번 모두 출산 하루 전까지 일했고 한 달 뒤 칼같이 출근했다. 사반세기 동안 생리 휴가는 생각도 못했다.

일터는 전쟁터다. 직장이라는 전장에서 여성은 패배가 예정된 싸움을 하기 일쑤다. 취직을 해 본 여성은 우리 사회의 남녀 불평등이 얼마나 뿌리깊은지 절감한다. 어렵디어려운 관문을 뚫고 들어가도 업무 배정부터 차별하고 이래저래 흠을 잡는다. 일을 열심히 하면 악착스럽다고 흉보고, 아니면 게으르다고 쑥덕거린다.

남자들은 과음하고 늦게 출근하면 "고생했네." 하면서, 여자가 늦으면 이유 여하간에 "여자들은……." 하고 혀를 찬다. 남자들은

근무 시간에 이발소나 사우나에 가도 그런가 보다 하지만, 여자가 점심시간에 미용실에라도 다녀오면 위아래로 쳐다본다.

남자들이 회사에서 집안일을 처리하면 자상하다며 칭찬하지만, 여성들이 업무차 나갔다 쇼핑 봉지라도 들고 오면 공사를 구분 못 한다고 몰아친다. 옷을 잘 입으면 "모양 내느라 무슨 일을 제대로 하겠어?"이고, 못 입으면 "칠칠치 못하긴." 하기 십상이다.

여성들의 억울하고 분한 얘기야 끝이 없지만, 들어 보면 남성들에게도 할 말은 많다. 바빠서 정신 없는데 연휴에 붙여 생리 휴가 챙기고, 번번히 늦게 출근하면서 필요할 때만 남녀평등을 주장한다는 것이다. 여성들이 받는 불평등과 핍박에 비하면 이런 일은 사소한 불만 수준에 불과하지만.

어쨌거나 평등과 이기는 다르다. 여성이 차별받는 건 무엇보다 소수 그룹이기 때문이다. 소수여서 발생하는 문제는 다수가 되지 않으면 해결되지 않는다.

여성이 다수가 되고 주류가 되자면 일단 성실과 능력을 인정받아야 한다. 편견과 선입견에서 비롯된 것이라 하더라도 "여자는 저래서 문제야." 하는 얘기가 그치지 않는 한 여성이 주류로 떠오르기는 어렵다. "일은 열심히 안 하면서 여자라는 걸로 한몫 보려 한다."라는 소리보다는 억척스럽다는 얘기를 듣는 편이 낫다.

주류가 되자면 절대 숫자를 늘려 가야 한다. 그러자면 여성과 함께 일하는 게 좋다는 인식을 심어야 한다. 일하는 여성이 자기 몫을 잘해 내는 건 자신의 생존과 번영(?)을 위해서도 중요하지만 이 땅 여성 전체에게 기회를 제공하는 길이다. 조직 생활이라는 불공정 게임에서 이기려면 일단 남보다 두세 배 노력하고 힘을 키워야 한다는 사실부터 받아들여라.

68

남녀의 차이를 인정하라

남자는 가정에 거주(reside)하고, 여자는 가정을 관장(preside)한다.

—니체

오랫동안 남자와 다르지 않다고 생각했다. 여자라서 못할 일이 없다는 생각은 지금도 변함없다. 그러나 딸과 아들을 낳아 키우면서 남자와 여자는 많이 다르다는 걸 알게 됐다. 조금도 구분하지 않았는데 행동과 사고방식 모두 다르다. 사회적 적응의 결과일 수도 있겠지만 상당 부분 타고난다는 생각이다.

AP 통신은 2000년 2월 1일부터 기사에서 취재원의 성별 호칭을 사용하지 않는다. 여성을 의미하는 미스나 미시즈, 미즈 등을 붙이지 않고 남성과 마찬가지로 처음 언급할 때만 이름과 성을 함께 표기하고 두 번째부터는 성만 쓰기로 한 것이다. 미국에선 1972년 연방 정부의 재정 지원을 받는 학교에선 성차별을 금지하는 '법률 제9편'이 제정된 바 있다. 1990년대 초 걸프전에 참전했던 여성들은 미국 사회 전반에 여성도 용기, 능력, 경험 등 정치 지도자로서의 자질을 갖추고 있음을 입증했다.

우리 사회도 급속히 달라지고 있다. 작용에 따른 반작용으로 새로운 저항이 있을지도 모르지만 옛날로 돌아가진 않을 것이다. 그렇긴 해도 여성이 남성과의 경쟁에서 승리하려면 기초 능력을 향상시키고, 주위의 비웃음과 자존심의 상처 등을 이겨 내야 한다. 세상은 여전히 남성 편이기 때문이다.

지금까지 성공한 여성들은 여성이기를 포기하거나, 아니면 온갖 편견을 수용하고 견딘 경우가 많았다. 단지 여성이기 때문에 온갖 수모와 굴욕을 견디는 것과 남녀의 차이를 인정하는 것은 다르다. 여성이기를 포기하고 남자같이 굴면 거북스러운 존재로 여겨져 일찍부터 거부당하기 십상이고, 순종적인 여성으로 행세하면 결정적인 순간 리더십이나 통솔력을 인정받지 못하게 된다.

남성은 과제 지향적일 때, 여자는 관계 지향적일 때 인정받는다고 한다. 남성 위주의 처세술이나 자기 관리 방법이 여성에게 잘 들어맞지 않는 것도 이 때문이다.

세상은 그러나 변한다. 「첼리스와 블레이드」를 쓴 아이슬러의 얘기를 믿어라! "사회엔 지배자 모델과 파트너십 모델이 있다. 지배자 모델은 두려움을 배경으로 한 서열에 바탕을 두고, 파트너십 모델은 관계에 의존한다. 지배자 모델은 남성 지배 사회의 전형이다. 여성의 진출은 사회 구조를 지배자 모델에서 파트너십 모델로 바꿀 수 있다."

69

착한 여자 콤플렉스는 병이다.
늦기 전에 치료하라

여성은 이제 선량함이 아니라 위대함을 목표로 해야 한다.

— 필리스 체슬러, 「죽이고 싶은 여자가 돼라」

본질과 상관없이 강하다는 얘기를 들었던 탓일까. 당연한 권리 주장도 참을 때가 많다. 부서가 바뀌면서 월급이 줄었지만 '시간 여유가 생겼으니까.' 라고 생각하고 참았다. 남자 후배가 같은 이유로 이의를 제기하자 일정액을 보전해 주는 걸 봤을 때, 나는 착하다는 건 때로 바보 같다와 통한다는 걸 알았다.

골다 메이어는 젊었을 때 메슈지(거칠고 광적이라는 뜻의 이스라엘어)라고 불렸다고 한다. 마거릿 대처는 교육과학부 장관으로 일할 때 '우유 도둑' 소리를 들으면서도 소신을 꺾지 않았고, 수상으로 취임해서는 한 달 만에 세금을 83퍼센트에서 75퍼센트로 낮췄다. 또 부가 가치세를 올리고 임금과 물가에 대한 가이드라인을 없앴으며, 정부 소유 기업과 공공 주택을 민간에 매각했다. 브리티시

텔레콤, 영국 국영 항공, 롤스로이스, 기타 국영 기업들의 주식도 300억 파운드어치나 내다 팔았다.

성공하는 여성이 영웅으로 여겨지는 일은 적다. 아무리 공격적인 여성도 남자보다 덜하면 덜했지 더하지는 않은데도 성취욕 강한 여성은 드세다는 소리를 듣는다. 여자들은 일터에서 당연한 권리를 빼앗기고 남자보다 좁은 길을 걸어가도록 강요받는다.

심각한 적대 행위에서 살아남은 사람들은 종종 자신의 비명을 들으면서도 등을 돌려 문을 닫아 버리는 사람들의 망령에 시달린다고 한다. 여성들은 거의 매일 일터에서 크고 작은 일로 긁힌다. 남성들은 정교수로 승진하는 데 10년 걸릴 때 여성은 22년 걸린다는 조사 결과도 있다.

여성들은 여전히 '살아남는 사람 중 여성은 한 사람밖에 더 있겠어?' 라는 생각 때문에 같은 여성을 적으로 여기는가 하면 모성적으로 행동해야 한다고 느끼는 수가 많다. 외유내강형으로 보이려 여성 판사와 교수는 커피를 직접 타고, 여자 경찰관은 남편의 폭력을 참는다. 여성은 누구나 여자라는 사실에서 벗어날 수 없다는 생각에 일터에서 사소한 굴욕을 수용하거나 모른 체하려 애쓴다.

그러나 인내는 굴종만을 요구하는 수가 잦다. 사랑받겠다, 사랑받아야 한다는 생각에서 벗어나야 다음 단계로 올라갈 수 있다. 보호를 필요로 하면 일단 점수를 더 줄지 모르지만 어느 날 위치가 바뀔 수 있다고 생각하면 사정없이 끌어내리는 게 남성 세계다.

일터에서 남성과 경쟁하며 승리하기를 원하는 여성이라면, 조용히 그러나 씩씩하게 '무소의 뿔처럼 혼자서' 걸어가라.

70

슈퍼우먼 신드롬에서 탈출하라

나는 아내가 집안일 하는 걸 본 적이 없다.

— 인류학자 그레고리 베이트슨, 마거릿 미드의 세 번째 남편

시중에서 파는 김치를 싫어한다. 들큰하거나 짜지 않으면 배추 특유의 아삭아삭한 맛이 없기 때문이다. 도리 없이 웬만하면 직접 담근다. 같은 반찬이 세 끼 이상 놓이는 것, 거실이나 주방에 컵과 그릇이 널려 있는 것도 못 참는다. 회사 일과 집안일 모두 잘 해내려는 욕심은 나를 만성피로에서 벗어나지 못하게 한다.

시네 케라(Sine Cera)라는 라틴어가 있다. '밀랍을 쓰지 않는다.'라는 말로 고대 로마에서 조각의 흠을 밀랍으로 감추는 것을 거부한 조각가가 자신의 가게 문에 내걸었던 것이라고 한다. 완벽함을 추구하고 거짓이나 부족함을 인정하지 않는다는 뜻이었을 것이다.

일하는 여성들은 대부분 '시네 케라'가 되려고 애쓰는 경향이 있다. 바깥일과 집안일을 모두 완벽하게 해냄으로써 슈퍼우먼이

되고자 하는 것이다. 그러나 세상 누구도 모든 일을 다 잘할 수는 없다. 똑같이 일하면서도 남자는 가족의 이해와 협조를 당연히 여기는 반면 여자는 그렇지 못하다. 남자는 직업을 첫째, 가정을 두 번째로 여기면서 당당한 반면 여자는 늘 죄인처럼 군다.

일하는 여성일수록 많은 사람의 헌신과 도움이 필요하다. 불안과 위기의식을 잠재우고 외부로부터 받은 상처를 치유하려면 아첨(위로)과 후견(격려)이 필요하고, 조언자와 매니저도 있어야 한다.

버트런드 러셀은 「행복의 정복」에서 스스로를 괴롭히는 문제들에서 벗어나려면 "자신의 행위 동기가 스스로 보는 것처럼 이타적인 것만은 아니라는 사실을 기억할 것, 자신의 장점을 과대평가하지 말 것, 자기가 자신에게 갖는 관심만큼 다른 사람들도 자신에 대해 관심을 가지리라고 기대하지 말 것, 사람들이 자신을 박해할 만큼 자기에게 관심을 쏟고 있다고 생각하지 말 것."이라고 적었다.

슈퍼우먼은 없다. 남편 내조와 아이들 양육을 소홀히하면 벌 받는다는 식의, 남성 지배 사회가 만들어 낸 편견 때문에 죄책감에 시달려 우왕좌왕하면 어느 쪽에서도 성공하기 어렵다.

인생이라는 게임에서 승리하자면 '이랬으면 좋은' 자신이 아니라 있는 그대로의 자신을 사랑해야 한다. 때로는 부족한 현실을 인정하고 "나는 슈퍼우먼일 수 없다. 일을 잘하자면 내게도 보조자와 협조자가 필요하다."라는 사실을 공표한 다음 도움을 요청하라!

71

집안일을 분담하라

스스로 자신을 업긴여기면 남도 업신여긴다(人必自侮然後他侮之).

—맹자

리더의 3대 조건은 3D라고 한다. '방향을 정하고(Direction), 일을 이관하고(Deligation), 밀고 나가라(Drive)' 는 말이다. 조직 생활자 누구나 명심해야 할 얘기지만 여성들은 특히 가슴에 새기고 실천해야 할 요건들이다. 여성들이 일과 가정 사이에서 힘들어지는 건 바로 이 세 가지, 그중에서도 두 번째 '이관' 이라는 문제를 제대로 조절하지 못하기 때문이다.

일하는 여성들은 집에 있는 시간이 적어 가족들에게 미안하다는 생각 때문에 남편이나 아이들에게 쩔쩔 매는 경우가 많다. 남편이나 아이들에게 단호하게 굴지도 못하고 힘들어도 집안일을 분담시키지 못한다. 그럴 것 없다. 전업 주부라고 모두 김치를 담그지도, 와이셔츠를 직접 다리지도 않는다. 전업 주부들은 오히려 자신이 하루종일 집에서 얼마나 힘들었는가를 내세우며 남편이나 아이들에게 큰소리를 치고 냉정하게 군다.

바깥일을 한다는 건 결코 죄가 아니다. 똑같이 일하는데 남자는 집에 와서 손끝 하나 까딱 안 해도 되고 여자는 청소와 요리까지 다해야 한다는 관행은 깨져야 마땅하다. 남편은 물론 아이들에게 집안일을 분담시켜라. 자기 방 청소는 자기가 하고 양말 정도는 직접 빨아 널고 라면도 끓여 먹을 수 있도록 훈련시켜라. 거실과 화장실 청소, 설거지, 빨래 개기, 양말과 속옷 정리 등 누구나 할 수 있는 일은 많다.

리스트를 만들어 각자 정해진 역할을 하도록 맡겨라. 집안일은 나누는 건 너무나 당연한 일이고 아내 혹은 엄마가 회사에 다녀서 자기들이 피해를 입는다고 생각하지 못하게 하라. 그게 그들을 위한 길이다. 책임감으로 인한 부담에서 벗어나라! 그래야 모든 일을 혼자 도맡아 하려 애쓰는 데서 오는 갈등과 만성 피로에서 벗어날 수 있다. '선택과 집중' 이라는 문제를 해결하지 못하면 자신은 물론 식구들 모두를 불행하게 한다.

72

실수에 매달리지 마라

그대가 한 일을 슬퍼하지 마라. 장미엔 가시, 맑은 샘엔 진흙, 구름과 일식 월식은 달과 해를 가리고 아름다운 꽃봉오리 속에 징그러운 벌레가 사느니, 사람인들 실수가 없을쏘냐. — 셰익스피어, 「소네트 35번」

'여자라서' 라는 얘기를 듣고 싶지 않았다. 일에 대해 지적받지 않으려, 실수하지 않으려 애썼다. 써 놓은 칼럼이 마음에 들지 않으면 며칠씩 잠을 못 이뤘다. 그러나 완벽하려다 시간이 늦으면 내용에 상관없이 비판받았다. 결과보다 과정이 중요하다는 말은 그냥 하는 소리에 불과하다.

메리 파이퍼는 『내 딸이 여자가 될 때』라는 책에서 이런 내용을 소개했다. "청소년 시절 남학생은 학교에서 학문적이고 지적인 작업에 대해 칭찬받지만, 소녀들은 옷차림, 예의 바른 행동, 규칙 준수에 대한 칭찬을 많이 받는다. 소년들은 행동 때문에 야단맞지만, 소녀들은 지적인 부적합성을 지적받는다. 남학생이 잘못하면 '넌 영리하잖니, 열심히 해야지.' 하는 반면 여학생들에겐 '넌 이 일에 적합하지 않은 모양이다. 규칙대로 했는데도 잘 안 됐잖니.' 라는 얘기가 돌아간다. 남학생들의 실패는 외적 요인 탓, 성공은 능력 때문이라고 여겨진다. 남학생은 따라서 실패해도 자신감을 잃지 않는다. 여학생에겐 정반대다. 성공은 운이나 엄청난 노력 덕이고 실패는 능력 부족 탓이라는 것이다. 여학생들은 결국 작은 실패나 실수에도 무너진다."

일에 관한 한 격려보다 질책이 잦고, 일보다 외모에 대한 관심에 시달리는 일상이 반복되면서 여성들은 은연중 왜소화되고 기가 죽어 꿈을 버리게 된다는 것이다. 남자들은 실수를 대수롭지 않게 여기는 반면 여자들은 한 번만 실수해도 확 움츠러든다. 때문에 어떻게든 완벽하려 애쓰다가 안 되면 포기해 버린다. 여자들이 같은 일을 하는 데 남자보다 오래 걸리거나 제때 끝내지 못하는 것도 완벽해야 한다는 강박관념 탓인 수가 많다.

그러나 일에 대한 평가는 여자들 생각처럼 꼼꼼하게 이뤄지지 않는다. 게다가 윗사람들은 아랫사람의 완벽함보다 어딘가 지적할 게 있는, 다소 부족한 상태를 즐긴다. 여자들이 자신보다 못한 남자 동료들에게 밀리는 건 이런 속성을 모르기 때문이다.

앞으로 나가려면 실수에 대한 두려움을 털어내야 한다. 실패하는 건 실수 때문이 아니라 실수에서 벗어나지 못하기 때문이라는 말도 있다. 자신의 의지에 반해 일어난 일은 더욱 그러하다. 실수를 잊지 못하면 두려움에서 벗어날 수 없고, 두려움에 매여 있으면 도전할 수 없다. 이기고 싶으면 실수에 매달리지 마라.

73

질투를 내색하지 마라

시기는 그것을 품고 있는 사람만 망친다. 시기의 대상은 아무 영향도 받지 않고, 어쩌면 시기 받고 있다는 사실조차 모를지 모른다. ―간디

오랜 직장 생활에서 터득한 건 '질투는 남자들이 더한다, 다만 내색하지 않을 뿐.' 이라는 사실이다. 남자들은 후배나 젊은 사람이 윗자리를 차지해도 일단 가만히 있는다. 당장 쫓아낼 수 있지 않은 한 절대 겉으로 드러내지 않는다. 조용히 받아들이되 조직의 내부에 자리잡지 못하도록 함으로써 스스로 물러나게 한다.

여자의 적은 여자라고 한다. 그러나 질투는 인간의 본능이다. 남자 역시 질투하고 시기한다. 단지 속으론 죽일 듯 으르렁거려도 겉으로 내색하지 않는다. 여자들의 질투가 문제되는 것은 기회가 적은 데다 감정을 숨기지 못하기 때문이다.

질투나 시기심은 내색하는 즉시 적을 만든다. 한 사람의 적은 열 사람의 친구보다 힘이 세다. 게다가 이쪽에서 싫어한다는 걸 알면

그 즉시 방어막을 치거나 대응책을 강구한다. 남자들은 그걸 안다. 그런 만큼 절대 대놓고 누군가를 시기하는 내색을 하지 않는다. 오히려 미울수록 겉으론 떡 하나 더 준다는 식으로 대하는 수도 많다. 그러다 상대방이 방심하면 잽싸게 제거한다.

여자들의 경우 이같은 처세술에서 남자들에게 뒤진다. 여자들은 싫고 미운 사람이 있으면 누군가에게 털어놓는다. 그러나 조직 사회에서 적과 아군은 따로 없다. 간이라도 내줄 듯했던 친구가 한순간 적으로 돌변할 수 있다.

윗사람이든 동료든 후배든 미울수록 속마음을 감춰야 한다. 다른 사람은 물론 당사자도 눈치 채지 못하도록 해야 한다. 당사자가 짐작했다 싶어도 모른 체하고 그의 귀에 들어갈 수 있는 사람 앞에서 의도적으로 칭찬하는 게 좋다.

또 여자끼리의 갈등은 남자들에 의해 조작되는 수가 많다. 남자라면 두 사람 모두에게 기회를 줄 수 있는 것을, 여자라는 이유로 기회를 하나로 줄여 경쟁과 갈등을 야기해 놓고 결과적으로는 둘 다 흠을 잡아 누구에게도 기회를 주지 않는 일도 있다. 여자끼리 싸운다는 이유로.

간디는 "오해의 근원은 불신이고, 불신의 뿌리엔 대개 두려움이 있다. 술은 순간 사람을 미치게 하지만 자만은 완전히 인간을 좀먹는다. 자신은 그 사실마저 모르도록."이라고 말했다. 한 사람만 이긴다고 생각할 게 아니라 둘 다 이길 수도 있다는 믿음을 지니고 차근차근 접근하라. 의외로 쉽게 풀릴 수도 있다.

74

적당히 무게를 잡아라

무게가 없으면 위엄도 없다. —공자, 「논어」

권위주의적인 모든 걸 싫어한다. 자기 소개를 비롯한 '한마디'를 할 때 가급적 빨리 끝내려 하는 것도 일종의 과시 혐오증 때문이다. 그러나 지금 내 생각은 다르다. '사람은 자기가 처신하는 만큼 대접받는다. 어디서건 스스로에게 위엄을 부여하는 게 필요하다.'는 걸 깨달은 덕이다.

톱 디자이너 L 씨는 고객이 돌아갈 때 절대 문밖까지 전송하지 않는다. 톱 디자이너를 찾는 고객일수록 디자이너가 우습게 보이면 다시 찾지 않는다는 선험 때문이다. 자기가 거래하는 디자이너가 최고고 함부로 대할 수 없다는 생각이 들어야 자신의 품격까지 함께 올라가는 것으로 여겨 계속 왕래한다는 얘기다.

존 F. 케네디는 "진실의 적은 때로 거짓이 아니라 신화일 수 있다. 신화는 비현실적이며 그럴싸하고 좀체 사라지지 않기 때문이다."라고 말했다.

「세상을 보는 지혜」를 쓴 그라시안 역시 사람들의 추앙을 받으려면 모호한 구석을 지녀야 한다고 간파했다. 사람들은 자기가 이해하는 건 대수롭지 않게 여기고 잘 모르는 것에 대해 경외심을 갖는다는 것이다. 그라시안은 이렇게 덧붙였다. "자신에 대해 말하지 마라. 자기를 칭찬하는 건 허영심이고 책망하는 건 소심함이다. 말하는 자의 어리석음이 드러나면 듣는 자는 괴롭다. 윗사람은 더욱 그렇다. 작은 실수로도 어리석게 여겨질 수 있다."

그라시안의 얘기는 여성에게 특히 유효하다. 사람들은 부담 없는 사람을 좋아하지만 존경하지는 않는다.

자신을 드러내지 않고, 묻는 말 이외엔 대답하지 않고, 웃는 듯 마는 듯한 표정으로 가만히 있으면 일단 가볍게 여겨지지 않는다. 사람들은 뚜껑이 열린 그릇보다 닫힌 그릇 속을 들여다보고 싶어 한다. 궁금해하는 사람이 많으면 신화를 만들 수 있다.

적당히 무게를 잡고, 말수를 줄이고, 깔끔하게 차리고, 좋은 차를 타고, 비싼 소품을 지니고 다니면 처음에 웬 폼을 그렇게 잡나 하던 사람도 한가락 하나 보다 생각하고 점잖게 대하는 수가 많다. 존경과 사랑, 혹은 호감과 존경을 공유하기는 어렵다. 사람은 누구나 상대가 먼저 다가오면 얕잡아 본다. 여자는 더 그렇다. 여자라는 이유로 우습게 보이지 않으려면 친절하되 가볍게 보이지 않도록 일정한 거리를 유지하고, 적당히 '폼'을 잡아라.

사회 초년생을 위한 15가지 조언

1. 회색이나 청색 양복에 물방울 무늬나 줄무늬 넥타이 차림이 좋다. 사람들은 첫눈에 당신이 비즈니스 마인드를 지녔다는 걸 알아챌 것이다.

2. 속내를 쉽게 털어놓지 말고 상대의 이야기를 경청하라. 훗날 중간 관리자가 됐을 때를 대비한 훌륭한 연습이 된다.

3. 친절하라. 친절한 대접을 받은 사람들은 훗날 당신의 성공을 위해 모일 것이다.

4. 정말 급박한 상황이 아니면 친구와 애인을 위해 시간을 희생하지 마라. 특히 회사에 무슨 일이 생길지 모르는 평일 오후 6시대 약속은 금물이다.

5. 선배 앞에서 참을성을 기른다. 그들이 기대를 저버려도 지나치게 실망하는 바보 짓을 하지 않는다.

6. 자신이 할 수 있는 일과 없는 일을 구별하라. 다른 사람이 지적하면 때는 늦었다.

7. 할 수 있는 건 뭐든지 해라. 중요하지 않거나 비위가 상해도 불평하지 마라.

8. 다른 사람의 성공을 배아파하지 말고 천연덕스럽게 일에 몰두하는 습관을 가져라.

9. 전화로 해도 되면 굳이 만날 필요 없다. 이메일이 된다면 전화도 필요 없다. 엘리베이터 앞에서 마주쳐 몇 마디로 끝낼 수 있으면 이메일도 시간 낭비다. 누군가를 만난다면 반드시 펜을 휴대하라.

10. 진실되고 의리 있어야 한다. 손해가 뻔한 상황에서도. 결국 인지도가 높아진다.

11. 실수에 대해 남을 원망하지 마라. 변명은 더욱 안 된다. 패자에게 변명이 따를 뿐이다.

12. 완전한 기회가 아니라면 한우물을 파라. 조직은 2~3년에 한번씩 직장을 바꾸는 사람을 이용할 뿐 사랑하지 않는다.

13. 남의 일에 상담만 잘하는 사람이 되지 마라.

14. 단숨에 억만장자가 되기를 꿈꾸지 마라. 세상에 공짜는 없다. 단돈 10센트라도 쉬지 않고 벌 생각을 하라.

15. 최대한 일을 즐겨라. 도저히 즐길 수 없는 처지라면 어쩔 수 없지만.

—《포천》

정신 건강을 위한 10가지 수칙

1. 긍정적으로 세상을 본다.
2. 감사하는 마음으로 산다.
3. 반갑게 마음이 담긴 인사를 한다.
4. 상대의 입장에서 생각한다.
5. 누구라도 칭찬한다.
6. 하루 세 끼 맛있게 천천히 먹는다.
7. 약속 시간엔 여유있게 가서 기다린다.
8. 일부러라도 웃는 표정을 짓는다.
9. 원칙대로 정직하게 산다.
10. 때로는 손해 볼 줄도 알아야 한다.

—보건복지부

콜린 파월의 규칙

1. 좋지 않은 일이 생겨도 생각만큼 나쁘지 않다. 아침이 되면 좋아질 것이다.

2. 화나는 일이 있으면 우선 화를 내라. 그런 다음 이겨 내라.

3. 자신의 주장에 자아를 너무 밀착시켜 주장이 무너질 때 자아도 함께 무너지는 일이 없도록 하라.

4. 하면 된다.

5. 선택은 신중히 하라. 선택한 것을 얻을 수도 있다.

6. 좋은 결정을 내리는 데 불리한 사실들이 방해를 하지 않도록 하라.

7. 남의 선택을 대신해 줄 수 없듯 남이 당신 대신 선택하게 해선 안 된다.

8. 사소한 일을 점검하라.

9. 공적을 나누어라.

10. 침착하라. 친절하라.

11. 비전을 가져라. 스스로에게 요구하라.

12. 두려움이나 반대자들과 너무 의논하지 마라.

13. 지속적인 낙천주의가 힘을 증가시킨다.

여자들이 모르는 남자들의 7가지 룰

1. 유능한 척 행동하라. 잘 모르는 일도 아는 척 행동하라. 꼭 필요할 때만 도움을 청하라. 자신의 업적을 뽐내고 능력을 과시하라. 실수를 광고하고 다니지 마라.

2. 강한 척 행동하라. 언제나 남을 관리하는 입장에 있도록 하라. 상사에게 지나치게 의존해선 안 된다. 상대편이 당신에게 영향을 주었음을 모르게 하라. 일이 잘 안 되더라도 뿌루퉁해 있거나 불평하지 마라. 스스로 상황을 고치려 하지 않는 것은 어떤 변명으로도 용납될수 없다. 유능한 전문가처럼 행동하라.

3. 시합이 더 이상 재미없더라도 중간에 그만두지 마라. 연장근무도 시합의 일부다. 고객을 확보하거나 거래를 성사시키는 것은 대단히 중요한 업무다. 가끔은 거짓말이 최선의 길일 때도 있다.

4. 시합 중에 감정을 개입시키지 마라. 상대편이나 동료로부터 비난의 말을 듣더라도 개인적인 모욕으로 받아들이지 마라. 고객이나 목표에 지나치게 집착하지 말라. 반드시 타당한 때에만 화를 내도록 하라.

5. 공격적이 돼라. 일하고 싶은 팀을 고른 뒤 그 팀에 뽑히도록 노력하라. 당신을 돋보이도록 만들어라. 관심 가는 분야의 일을 직접 요구하라. 모험을 즐겨라.

6. 필요하다면 상대편과 싸워라. 정정당당하게 싸워라. 지나치게 수동적이거나 공격적이어선 안 된다. 상대편의 약점을 찾아 그곳을 공격하라. 언제 끝내야 할지를 항상 염두에 두라. 상대편의 체면을 살려 주어라. 품위 있는 승자가 되고 멋진 패자가 돼라.

7. 팀의 일원임을 명심하라. 팀원은 유니폼을 입고 서로 돕는다. 항상 의리를 지켜라. 팀이 우선이고 개인의 관심사는 그 다음이다. 항상 전념하거나 그러는 것처럼 보이도록 하라.

—에이드리엔 멘델

「햄릿」의 폴로니어스가 아들 레어티스에게 전한

삶의 규칙

1. 생각을 혀로 말하지 마라.

2. 중용을 잃었을 때 행동하지 마라.

3. 상냥하되 천박해선 안 된다.

4. 믿을 만한 친구를 사귀어 네 마음에 강철같은 고리로 굳게 묶어 둬라.

5. 나서지 마라. 새로 사귄 풋내기와의 일에도 나서지 마라.

6. 분쟁을 조심하라. 분쟁이 생기면 적이 너를 경계하듯 그렇게 하라.

7. 모든 사람에게 귀를 빌려 주되 말은 적게 하라. 모든 충고를 듣되 쉽게 판단하지 마라.

8. 주머니가 허락하는 한 옷을 잘 입되 낭비는 하지 마라. 부자처럼 보이되 사치스러운 느낌을 주지는 마라. 사람들이란 종종 옷으로 사람을 판단한다. 특히 최고 계급 사람들은 이 점에 민감하다.

9. 빚을 지지 마라. 돈을 빌려 주지도 마라. 돈을 빌려 주면 종종 친구마저 잃는다. 돈을 빌리면 절약을 힘들게 한다.

10. 무엇보다 너 자신에게 정직하라. 결과는 낮이 지나면 밤이 오듯 나타날 것이다.

우리는 무엇에 이끌려 움직이는가

1. 고통을 멈추기 위해
2. 두려움에서 벗어나기 위해
3. 생존을 위한 원초적인 욕구를 충족시키기 위해
4. 안락함을 위한 부차적 욕구를 충족시키기 위해
5. 의무감
6. 분노
7. 성애
8. 습관성 물질
9. 개인적 열정
10. 종교
11. 모험
12. 최후 비밀에 대한 약속
13. 최후 비밀의 실제적 경험
14. 누군가를 사랑하는 마음
15. 의식의 확대

—베르나르 베르베르, 「뇌」

임어당의 지도자를 위한 조언

1. 모든 장군과 그 어머니의 생일을 알 것.

2. 장수하는 어리석은 사람들에게 분에 넘치는 선물을 할 것.

3. 모든 인간관계를 정치적 무기로 평가할 것.

4. 결혼 자체를 국가의 신성한 요구로 생각할 것

5. 누구에게도 화내지 말고, 내 입에선 뭐든 녹는다고 생각되도록 온유하고 예의 바를 것.

6. 누구에게나 좋은 말로 대하고 누구나 호인으로 부르도록 변통과 지략을 알 것.

7. 외국인에겐 고상함을 돋보이게 하고, 대중의 항의에 대해선 용기를 낼 것

8 . 학생 시위 운동을 처리하는 데는 담력을 갖고, 노동 쟁의를 저지하는 데는 결단을 내리도록 할 것.

9. 웅변의 기교를 알 것.

10. 능필의 법을 알 것.

11. 혀에 능수능란함과 수사력을 부여할 것. 말로 적을 낭패시키고 더구나 그것에 대해 마음에 없는 말을 할 수 있도록 할 것. 적의 말을 해석하는 데 신의 지도와 계시를 받을 것.

12. 선물을 보내는 것도 받는 것도 거절하지 않도록 주고받는 의식을 고취할 것

13. 햇빛이 있는 동안 건초를 만들기 위해 인생은 허무하다는 의식을 고취할 것

14. 나라를 구하는 일이라도 너무 몰두하지 않게 너무 고지식하지 않게 유머 감각을 부여해, 정치 생활의 광대짓을 볼 수 있는 안목을 가질 것.

15. 내 죄를 용서받기를 원하며 부하의 죄를 관대하게 용서하도록 할 것.

16. 대중의 눈으로부터 나를 가릴 것 무슨 일이 일어나도 모른 척할 것.

공주를 키워주는 회사는 없다

1판 1쇄 펴냄 2005년 1월 5일
1판 9쇄 펴냄 2009년 8월 7일
2판 1쇄 펴냄 2010년 3월 2일

지은이 | 박성희
발행인 | 김세희
펴낸곳 | (주) 민음인

출판등록 | 2009. 10. 8 (제2009-000273호)
주소 | 135-887 서울 강남구 신사동 506 강남출판문화센터 5층
전화 | **영업부** 515-2000 **편집부** 3446-8774 **팩시밀리** 515-2007
홈페이지 | www.minumsa.com

ISBN 978-89-94210-12-4 03320

* (주) 민음인은 민음사 출판 그룹의 자회사입니다.